SUICIDE RISK
MANAGEMENT

"자살
위기자
관리 매뉴얼"

Sonia Chehil · Stan Kutcher 공저
이상열 · 홍정완 공역

학지사

우리나라 의료는 지난 50여 년간 질병에 대한 생의학적(bio-medical) 모델에 기인한 국가의 의료정책과 정신건강의 중요성을 간과한 임상 현장으로 인해 국민의 정신건강에 적신호를 가져오고 있다. 그중에서도 매년 약 60만 명이 자살시도를 하고 있으며 OECD 국가 중에서 단연코 가장 높은 우리나라의 자살률은 긴급하게 해결해야 할 사안이다. 자살의 원인은 복지적 측면과 의료적 측면 그리고 사회경제적 여건과 우리나라 고유의 문화적 여건이 복합적으로 작용하고 있으나, 임상 현장에서 스스로 생을 마감하려고 하는 환자분들을 볼 때마다 조기에 위험도를 발견하여 중재할 필요성을 느껴왔다. 그리고 지역사회 정신건강증진센터에서 적극적인 활동을 시작하고 생명사랑과 자살예방에 실제적인 노력을 기울이게 되면서 자살 위험도 중재를 위한 매뉴얼이 더 필요하다고 생각하던 참이었다.

관심을 가지고 자료를 찾던 도중 『Suicide Risk Management-A Manual for Health Professionals』라는 제목의 책을 찾게 되었다. 책의 분량은 적었지만 자살 관련 자료들이 잘 정리되어 있는 알찬 내용의 소책자였다. 책의 내용을 보고 자살 위기에 처한 사람들을 돕기 위한 정신보건 전문가들에게 도움이 될 수 있다고 판단했다. 이는 자살 예방에 대한 사회의 높은 욕구와는 달리 자살 예방을 위한 구체적인 자살 위기 평가 및 자살 시도자 관리의 지침 등을 국내에서 구하기는 어려웠기 때문이었다. 대부분의 자료가 외국자료이고 또한 실제 임상 현장에 활용 가능한 지침보다는 연구를 위한 것이 많아 활용에 한계를 느끼던 차에 이 책은 큰 도움이 되었다.

이 책을 이용해 강의 자료로 활용하고 주변의 정신건강 전문가들을 교육하다 보니 우리말로 번역해 보면 어떨까 하는 생각이 떠올랐다. 이왕 번역하는 김에 정식으로 판권을 얻어 출판을 하면 더욱 많은 정신보건 전문가들이 도움을 받을 수 있을 것이라는 욕심을 부려 보았지만, 수요가 적은 이 책을 출판해 줄 곳이 있을까 고민하던 차에 학지사에서 흔쾌히 출판을 약속해 주어서 번역을 시작하였다.

이 책은 자살에 관한 일반적인 사항들과 자살 위기자에 관한 치료 지침들이 명확하고 간결히 정리되어 있어 실제 임상 현장에서 바로 적용할 수 있게 되어 있으며, 무엇보다 '자살 위기 평가 도구'가 유용할 것으로 생각된다. 한 장으로 구성된 평가 도구를 완성해 가며 자살 위기가 어느 정도인지 평가할 수 있어, 자살 위기자를 관리하는 데에 큰 도움이 될 것이다.

이 책이 '자살 공화국'이라 낙인찍힌 우리나라의 자살률 감소에 작은 도움이 되길 바라며, 스스로 생을 마감하려는 많은 사람을 도울 수 있고, 우리나라 국민의 정신건강 증진에 미약하나마 도움이 되기를 바란다. 마지막으로 출판을 맡아 준 학지사에 감사를 드린다.

2015. 5.

이상열, 홍정완

자살을 완전히 이해하는 것은 쉽지 않다. 자살은 근본적으로 다양하고 다면적인 특성을 가지고 있으며 각 개인의 특수한 생물학적, 정신 사회학적, 문화적 배경과 관련된다. 자살은 괜히 일어나는 사건이 아니라 그것은 일련의 과정에 따른 궁극적인 결과다.

'왜 자살을 결심하는가'라는 질문에 많은 사람은 답을 할 수 없을 것이다. 자살은 다음과 같은 의미일 수 있다.

- 절망과 고통에서 벗어나는 방법
- 조절할 수 없는 감정적, 정신적, 물리적 아픔으로부터의 안도
- 질병으로 인한 낙인에 대한 반응
- 무력감으로부터의 도피
- 급성 중독의 결과
- 자살을 명령하거나 자해하라는 환청에 대한 반응
- 기이하고 과대한 망상의 징후
- 종교적 헌신의 맹세
- 국수주의자나 정치적 충성에 대한 맹세
- 속죄의 수단
- 먼저 죽은 사랑하는 사람과의 재회의 수단

5

- 환생의 수단
- 복수의 방법
- 가족의 명예를 지키는 방법

이것이 의료종사자들이 자살 환자들을 어떻게 인지하고 평가하며 중재해야 하는지를 알지 못한다는 뜻은 아니다. 그러나 실제로 많은 수의 환자가 살면서 한번은 자살의 순간에 직면할 수 있으므로, 모든 의료종사자는 이러한 핵심 문제를 다루는 것에 능숙해야만 한다. 자살을 생각하거나 계획했던 많은 환자는 자살을 시행하고자 하는 마음을 바꿀 것이다. 자살을 시도했으나 성공하지 못한 많은 사람은 일상으로 돌아가기도 한다. 이들 중 일부는 처음으로 전문적인 도움을 받는다. 또한 적절하고 효과적인 치료에 반응하는 정신질환으로 고생하기도 한다. 어떤 이들은 만성적인 육체적 질환으로 고통을 받고 있으며 또 다른 이들은 삶을 압박하는 스트레스에 의해 압도되기도 한다. 일부는 문제를 해결하기 위한 방법 또는 고통을 끝낼 수 있는 유일한 방법으로 자살을 고려한다. 의료종사자들은 개인의 자살 위험요인을 인식하고 분별하며, 적절한 중재를 제공함으로써 환자가 죽음보다는 삶을 선택하도록 도와줄 수 있다.

문화적, 종교적, 지정학적, 사회경제적 요인 모두가 자살 위험성을 표현하거나 자살을 시행하는 데 영향을 준다. 그러므로 다양한 국가 혹은 지역의 의료종사자는 지역적 특성을 반영하여 이 책의 정보를 수용할 필요가 있다. 우리는 임상가가 자살하려는 환자와 만날 때 특정한 맥락에 관계없이 자살 위험성 관리를 신중하게 적용할 필요가 있다는 것을 기억해야 한다. 상황은 다를지라도 자살 시도자는 비슷한 성향을 나타내기 때문이다.

목표

- 자살의 역학, 위험요인, 관련 요인에 대한 정보를 제공
- 자살 위험성을 이해하고 평가하는 데 도움이 될 수 있는 정보를 제공
- 자살 위험성 평가 안내서를 이용한 자살의 임상적 평가에 관하여 지속적인 자가 학습 프로그램을 제공
- 자살 위험성 평가 도구를 소개하고 적절한 임상적 적용에 관한 지침을 제공

차 례

제 **1**장

자살에 대한 인지와
평가의 중요성

자살에 대한 인지와 평가의 중요성

자살에 대해 아는 것이 왜 중요한가

자살은 전 세계적으로 중요한 공공 보건 문제다. 자살은 세계 질병 부담의 1.4%를 차지하고 폭력적인 사망 중 절반을 차지하며 전 세계적으로 매년 백만 명의 사망자가 발생한다. 이 수치가 놀라워 보이지만 대부분의 전문가는 이 수치가 과소평가되어 있다고 말한다. 자살로 인한 사망은 부모, 자녀, 친족, 친구, 지역 사회에 비극을 남긴다.

'자살로 인한 사망의 결과로 가족이나 친구들의 삶이 경제적, 사회적, 감정적으로 황폐화된다는 지표가 있다. 자살은 비극적인 세계적 공공 보건 문제다. 전 세계적으로 많은 사람이 타살이나 전쟁으로 인한 사망보다 자살로 인해 사망한 경우가 더 많다. 불필요한 사망자를 막기 위해 조화롭고 강력한 범세계적 행동이 시급하다(Dr Catherine Le Gales-Camus, World Mental Health Day, 2006).'

세계적 자살률과 자살 위험성을 이해하기가 어려운 이유

국가별로 자살의 발생률을 추산하는 것은 어렵다. 국가 간 자료 수집과 보고의 다양성이 국가 간 자살률 비교를 어렵게 만든다. 많은 국가에는 자살을 정확하게 파악하기 위한 표준 감시 체계가 부족한 것이 현실이다. 감시 체계가 존재하는 곳에서는 자살에 의한 죽음의 분류, 자살로 인한 사망의 기록 절차, 사망 확인의 절차, 예상치 못한 죽음의 원인을 결정짓는 책임 있는 실체로 인해 자료의 타당성이 애매할 수 있다. 자살로 인한 낙인 또한 실제 자살률을 평가하는 데 있어서 큰 걸림돌이 된다. 많은 문화에서 자살은 부끄러움, 불명예, 조소, 사회적 배척을 피하기 위해 해당 가족들로부터 숨겨진다. 세계적으로 문화, 종교, 사회적 가치, 믿음은 공식적인 사망 기록에 상당한 영향을 미치며, 자살이 사고나 혹은 알 수 없는 원인에 의한 죽음으로 잘못 분류되기도 한다.

또한 전 세계적으로 실제 자살률보다 낮게 측정되는 것으로 보인다. 자살로 의한 죽음에 대해 만연하는 낙인, 부끄러움, 굴욕은 많은 개발도상국에서 자살을 범죄적 행위로 분류하는 법률로 인해 영구화될 수 있다. 그럼에도 불구하고 이와 같은 법률은 소수이며, 있다 하더라도 자살 시도 후 생존자에게만 시도되거나 강제되었다. 자살 희생자의 가족에게는 매우 잔인한 벌금이 행해지거나 사회적 굴욕의 대상이 된다. 이와 같은 법이 유지되고 있는 국가들에 보고된 자살률은 일관되게 극히 적다. 그럼에도 불구하고 기존의 자료에 의하면 전 세계적으로 매년 10만 명당 10~15건 정도의 자살이 일어나며, 완전한 자살에 이르기까지는 20번 이상의 자살 실패가 있었던 것으로 보인다.

전 세계적으로 자살률을 파악하는 데 있어서 또 다른 복합적 어려움은 자살의 보고가 잘 수집되어 있는 국가에서도 관할 구역의 차이가 광범위하다는 것이다. 예를 들어, 미국에서는 자살률이 주마다 매우 다양하며 캐나다에서는 주와 시에 따라 다르다. 역사적으로 관할 구역, 국가 그리고 지역 내 자살률은 이해하기 힘든 세속적인 경향을 나타낸다.

자살 시도자들의 복잡성을 지닌 외적 요인도 자살 위험성을 상당히 높인다. 자살의 토대는 각 개인의 생물학적, 정신 사회학적, 정치적, 경제적, 문화적 요소 등이 독특하게 융합하여 다면적으로 표현된다. 각 요소의 중요성이나 장소, 시간에 따른 각 요소의 조합은 자살률의 이해를 더욱 어렵게 한다. 예를 들어, 미국, 캐나다를 포함한 선진국에서는 과거 자료를 살펴보면 1950년대에 젊은 성인이나 10대들의 자살률이 증가하기 시작한 것으로 나타났다. 그러나 지난 10년간 일부 국가에서 이러한 장기적인 경향은 변화하였고, 많은 선진국에서 젊은이들의 자살률은 감소되거나 정체되어 있다. 이러한 변화는 국가적인 자살 예방 전략의 존재 혹은 부재 여부와 밀접한 연관성을 나타내지는 않는다. 또한 우울증에 대한 보다 효과적인 분석과 치료법에 대한 고려, 또는 각종 치명적인 자살 수단을 통제하는 데 있어서 어떤 요인이 젊은 연령층에서의 자살률 변화에 가장 중요한 요인인지는 분명하지 않다. 그렇지만 미국과 다른 많은 국가(특히 부유한 선진국)에서 자살은 15~24세 사이 젊은 연령의 세 가지 주요한 사망 원인 중 하나다.

자살의 위험요소에 대한 대다수의 연구는 정신과적 부검을 사용하여 선진국에서 시행되었다. 서양에서 시행된 정신과적 부검에서는 자살과 정신질환 사이에 상당한 연관관계가 있는 것으로 일관되게 나타났고 자살로 인해 사망한 사람의 90%는 적어도 한 가지 이상의 진단 가능한 정신과적 질환을 가진 것으로 보고되었다. 자살과 관련된 것으로 보이는 가장 흔한 진단은 기분장애, 불안장애, 약물사용장애, 인격장애, 조현병 등이다. 이들 연구에서 치료되지 않는 정신질환(특히 우울증, 약물남용)의 존재는 자살에 대한 가장 강력한 기여 위험요소로 나타났다.

동일한 정신과적 부검을 사용하여, 개발도상국에서 시행한 연구에서는 서양에서 주장하는 것처럼 자살과 정신질환 사이의 강력한 관련성을 증명하지는 못했다. 의심의 여지없이 많은 요소가 이러한 차이를 설명할 수 있을 것이다. 개발도상국에서 자살은 정신질환과 명백한 관련을 보이지 않고 오히려 문화적, 종교적, 사회적, 경제적 그리고 정치적인 요소에 쉽게 영향을 받는다. 개발도상국의 정신건강 자원의 부재, 접근 가능하고 유용한 정신건강서비스의 부족이 정신질환 진단의 부족을 초래할 수 있다. 낙인, 정신건강과 정신질환에 대한 문화적 이해, 정신질환을 치료하기 위한 전통적인 방법들 역시 이러한 차이에 기여할 것이다. 세계 각국에서 실행한 연구들 사이에 분명한 차이가 있음에도 불구하고 자살과 정신질환의 관련을 부정할 수는 없다. 그래서 조기발견을 위한 정신건강서비스의 확대, 정신질환에 대한 중재와 관리가, 특히 대부분의 증상이 처음 표현되는 일차진료 환경에서 자살 예방의 초석으로 여겨진다.

　자살 위험성에 대한 정신질환의 중요성을 부정하지 않으면서도 정신질환을 갖는 다수의 환자가 자살로 인해 죽지 않는다는 것과 자살로 사망한 많은 사람이 진단 가능한 정신질환이 없었다는 사실을 자각하는 것이 중요하다. 이 때문에 정신질환을 갖는 것이 자살을 설명하는 데 있어 그 자체로 충분하거나 필수적인 것은 아니다. 밝혀진 유의한 위험요소로 현재 혹은 과거의 자살 행동, 치명적인 수단에 접근성, 학대나 외상에 노출, 심각한 정신사회적 스트레스, 대인관계의 상실, 정신장애나 자살의 가족력, 알코올과 약물의 남용, 사회적 관계의 부족과 고립, 만성적인 신체적 장애, 조절되지 않는 통증, 내적인 대처 방식의 부재 그리고 건강과 사회지지 서비스, 지지체계에 대한 낮은 접근성 등이 있다. 따라서 정신건강서비스의 확대나 자살 방지 행동을 계획할 때는 자살 위험성에 영향을 줄 수 있는 확실하고 수정 가능한 사회문화, 정치, 환경적 문제에 대해 다루어야만 한다.

　자살 예방은 건강의 문제만이 아니다. 자살 예방은 모두(개인, 가족, 사회 구성원 그리고 종교 기관, 개인사업과 모든 정부 기관)의 책임이며 이를 위해 다양한 분야의 관심이 필요하다.

자살 위험성 관리에 있어 의료종사자의 역할

자살 위험성 평가는 모든 의료종사자의 필수적인 핵심 능력이다. 장소, 상황에 따라 관계없이 의료종사자는 종종 자살 위험성이 있는 개인이나 가족과 접촉하는 가장 첫 번째 사람이 된다. 북미에서 시행된 연구에서는, 자살을 시도하는 사람 중 대부분(2/3 이상)이 사망하기 전 한 달 이내에 다양한 신체적 혹은 감정적인 문제로 인해 보건 전문 요원을 찾는 것으로 나타났다. 불행하게도 자살을 완수하는 사람들 대부분이 그들의 상담원에게 자살 사고나 계획을 자발적으로 말하지는 않으며, 의료종사자도 위기 상황에 놓인 대부분의 사람에게 전반적인 임상 평가 중 자살에 대해 물어보지 않았다. 결과적으로 위험에 놓인 각 개인은 종종 감별되지 않고 개입이나 지지도 받지 못했다. 자살 위험에 놓인 개인을 구별하는 데 실패하는 것은 아마도 자살 위험요소를 규명하는 훈련의 부족, 의료종사자가 자살 위험성을 언급하는 것이 불편하거나 자신이 없는 경우, 바쁜 임상 진료로 인한 시간이나 자원의 제약 혹은 다른 요인들과의 결합에 기인했을 것이다.

자살 위험성이 있는 환자와 함께하는 것은 어렵고 많은 의료종사자에게 불안감을 주게 된다. 심지어 자살 위험성이 있는 환자 집단과 일하는 정신건강전문가도 이러한 환자와 일하는 것은 가장 스트레스 받는 일 중 하나이고 임상적으로도 상당한 도전을 요구한다. 그럼에도 불구하고 모든 의료종사자는 반드시 지식과 자살 위험성의 구별에 필수적인 기술의 숙련, 신빙성 있는 자살 위험성 평가 및 관리, 환자에 대한 보호와 존중을 가지고 있어야 한다. 의료종사자가 자살 위험성 평가 능력을 숙달하면 개인에 대한 평가가 이루어지는 어떠한 상황에서도 적용할 수 있다.

자살을 구별하고 예방하는 데에는 어떤 장애물이 있나

몇몇의 요인이 자살의 구별과 예방을 방해한다.

- 낙인
- 도움 요청의 실패
- 자살에 관한 지식과 자각의 부족
- 자살은 드문 일이라는 인식

자살의 사회적 낙인

낙인은 사회적으로 수용되지 않는 치욕, 불명예, 비난 등을 말한다. 많은 문화권에서 자살은 수치스럽고 나약하며 이기적이거나 기만적인 행위로 여긴다. 이러한 믿음은 자살을 고려하는 사람이나 그들이 속한 사회 모두에서 나타난다. 낙인은 불명예와 침묵으로 강화되고 자살 사고를 경험하는 개개인에서의 고립된 느낌, 자기 비하, 자기 경시에 기여하며 자살로 사랑하는 이를 잃은 사람들에게 수치감과 죄책감으로 이어진다.

표 1-1 자살의 사회적 낙인을 지속시키는 자살에 관한 잘못된 믿음

잘못된 믿음	사실
자살에 관해 이야기하는 사람은 사실 그들 자신을 해할 행동을 하지 않는다.	자살로 사망하는 사람들의 대부분은 사망 전에 그들의 감정, 생각 혹은 계획을 표현한다.
자살은 항상 충동적인 행동이다.	자살을 시도하는 사람들 대부분은 자살 사고를 경험해 왔고 시도 전에 그들의 삶을 심사숙고한다.
자살은 스트레스에 대한 자연스러운 반응이다.	자살은 스트레스의 비정상적인 결과다. 모든 사람은 스트레스를 경험하지만 모두가 자살을 시도하지는 않는다.
자살은 스트레스가 원인이다.	자살 사고나 자해 행위는 때때로 급성 스트레스가 원인이지만(대인관계의 어려움이나 심한 논쟁 후에 발생하는) 이러한 사건은 행동의 계기일 뿐 자살의 원인은 아니다.
자살의 위험이 실제로 있는 사람은 행동을 완료하는 데에 있어 양가적이지 않다.	자살 위험성의 강도는 증가하다가도 감소하며 자살을 시도하거나 실행하는 많은 사람은 죽음에 대한 확신과 싸운다.
자살을 실행하는 사람은 이기적이고 나약한 사람이다.	자살을 실행하는 많은 사람은 널리 알려져 있거나 혹은 그렇지 못한 정신질환으로부터 고통을 받는다.
지능이 높거나 사회적으로 성공한 사람들은 자살을 시도하지 않는다.	주의를 기울이고 기억해야 할 것은 자살 가능성은 종종 비밀에 부친다는 것이다. '자살'에는 문화적, 민족적, 인종적, 사회경제적 경계가 없다.
우울한 사람과 자살에 대한 대화를 하는 것은 그들로 하여금 자살을 실행하도록 만들 수도 있다.	자살에 대한 생각이나 계획을 가지고 있는 우울한 사람들은 그들에 대해 누군가 알고 있고 그들을 도울 수 있을 때 비로소 안도한다. 우울한 사람과의 자살 위험성에 대해 이야기하는 것이 그들이 자살을 실행하도록 하지 않을 것이다.

(계속)

자살 가능성을 가진 사람에게 해 줄 수 있는 것은 아무것도 없다.	자살을 시도하는 많은 사람은 적절하고 효과적인 치료에 반응하는 정신질환에 의해 고통받고 있다. 정신질환에 대한 적절한 치료는 자살의 위험성을 상당히 감소시킨다. 예를 들어, 우울증과 관련이 있는 자살 위험성은 우울장애에 대한 효과적인 치료로 보통 해결된다.
자살을 시도하는 사람들은 단지 관심을 끌고자 한다.	어떤 사람들에게 자살의 시도는 전문가에게 처음으로 도움을 받는 사건이다. 도움을 향한 처절한 울부짖음은 그저 주의를 끄는 것과는 다르다.

자살에 대한 사회적 낙인은 정신질환과 자살 사이의 연결고리에 의해 혼재된다. 정신질환이 있는 사람들은 종교, 문화적 정체성, 거주지와 무관하게 다른 질병이 있는 사람들보다 사회적으로 구석으로 몰리며 인권을 침해받는 경우도 많다. 세계 곳곳에서 정신질환은 평범한 질병으로 인식되지 못하며 나약하고, 게으르고, 주위산만하거나, 미치고 멍청한 사람으로 오인되고 있다.

도움 구하기의 실패

앞에서 언급했듯이, 자살과 관련된 낙인과 그로 인한 사회적인 제재, 차별, 존엄성과 자아존중감 상실에 대한 두려움으로 사람들은 도움을 구하거나 자살 사고, 계획에 대해 이야기하는 것을 꺼리게 된다. 일부에서 자살 사고를 터놓는 것에 대해 고민하는 이유는 친구, 가족, 지역사회, 의료종사자로부터 평가받고 조롱받는 것에 대한 두려움, 개인적인 수치, 굴욕, 당황스러움과 같은 강렬한 감정과 연관되어 조용히 고통받거나 차라리 죽는 것이 더 낫다고 생각하기 때문이다. 다른 이들은 자살에 대한 생각을 터놓게 되면 이미 행해 왔던 과정들이 강제로 중단될 것이라는 점을 두려워할 수도 있다. 또한 자신의 상황에 대해 스스로 통제감을 상실하거나 자살에 대한 생각을 얘기했을 때 강제로 병원에 입원될 것을 염려할 것이다. 자살이 법에 위배되는 지역에서 개인은 처벌받거나 기소될 것에 대한 두려움으로 자살 사고나 자살 계획에 대해 솔직하게 이야기하지 못할 것이다. 자살이 금기시되는 문화권에서는 대중으로부터의 굴욕 혹은 사회적, 가정적 제재를 두려워할 것이다.

일부 문화권에서는 자살을 특정 사회문화적 맥락에서 은밀하게 허용한다. 예를 들어, 가족의 명예를 위한다는 의미로 자살하는 경우도 있다. 이런 상황에서 침묵, 수치감, 비밀은 자살 그 자체를 야기하거나 자살 환경을 초래한다. 다른 문화권에서는 종교적 혹은 대중적인 권위자들이 공공연하게 순교의 실천으로서 자살을 용인하기도 한다. 이런 경우 자살의 공공연한 표현은 종교적 헌신, 민족주의 또는 정치적 신념을 맹세하는 것으로 간주된다. 이유를 불문하고 자살을 실행하고자 하는 많은 사람은 도움을 구하지 않으며 그들의 계획을 남에게 알리지 않는다. 게다가 자살을 고려하거나 자살을 완료한 많은 사람은 직접적으로 물어보더라도 그들의 생각이나 계획에 대해 밝히지 않을 것이다. 그러므로 자살 사고나 계획에 대해 물어보는 것으로 정확하고 완벽한 정보를 얻었다고 확신할 수 없으며, 자살을 언제나 예방한다고 할 수도 없다.

그러나 이것이 의료종사자가 알려진 위험요인이 있을 때 정확한 자살 평가를 시행하지 않아도 된다는 것을 말하는 것은 아니다. 많은 경우 공감이 실린 질문은 환자가 생각을 표현하도록 북돋아 주고 환자에게 안도감과 고립에 대한 유예감을 줄 수 있다. 실제로 자살에 대한 생각, 의도, 계획을 가지고 있는 고위험 환자에게 전문 지식을 가진 의료종사자의 공감적 표현은 그들에 대한 지지, 관심, 전문적 능력으로 보인다. 자살 가능성이 있는 사람들은 이러한 질문을 통해 도움을 구하도록 격려를 받는다.

의료종사자들 사이에서 자살에 대한 지식과 인식의 결여

자살의 평가와 중재는 보통 보건전문학과의 수련 프로그램의 요소가 아닐뿐더러 대부분의 일반적인 건강 평가, 평가 체계, 프로토콜의 항목도 아니다. 그 결과 많은 보건의료종사자는 자살 가능성에 대해 질문하거나 자살을 시도하려는 환자를 대하는 데 유능한 기술을 터득할 수 있는 기회가 부족하다. 많은 의료종사자가 하게 되는 흔한 오해는 환자와 자살에 대하여 말하는 것이 환자로 하여금 자살에 대한 행동이나 자살의 실행 가능성을 높인다고 생각하는 것이다.

하지만 실제로는 그렇지 않다. 환자에게 자살에 대한 생각을 물어보는 것은 환자의 마음에 이러한 생각을 심거나 강화시키는 것이 아니다. 오히려 자살에 대해 생각하는 환자들은 이러한 생각이나 감정에 대해 말하는 것이 용인되었다는 생각에 안도하게 된다. 자살 사고를 가진 많은 환자는 부담을 느끼고 부끄러워하며, 이러한 생각을 가졌다는 것에 대해 죄책감을 가질 수도 있다. 어떤 이들은 이러한 생각에 놀라기도 하고, 또 다른 이들은 이러한 생각이 그들 스스로에게 각인된 무가치감으로 인하여 강화된 것으로 해석하기도 한다. 자살에 대해 무비판적이고 겸손한 방법으로 대화를 하는 것은 환자가 말하거나 이해받을 수 있는 기회를 제공하며 잠재적으로 자살을 예방할 뿐만 아니라 환자가 가지고 있는 심리적, 감정적 스트레스의 해소를 기대할 수 있다.

실제로 자살이 '유일한 선택방법'이라고 생각하는 환자가 따뜻하고 무비판적인 의료종사자와 자살에 대해 이야기하는 것은 환자가 죽음 대신 삶을 선택하도록 도울 수 있다.

자살은 드문 사건이다

자살의 실행을 예방하는 것을 방해하는 또 다른 문제는 자살 그 자체가 상대적으로 드물다는 점이다. 앞에서 언급했듯이, 자살 시도는 실제 자살에 이르는 것보다 훨씬 자주 일어나고(20배 이상) 자살 사고(죽음을 원한다고 생각하거나 자살에 대해 생각하는 것)는 흔히 드러나지 않는다(자살의 시도보다 6배 이상 많고 자살을 완수하는 것보다는 100배나 흔하다). 그러므로 자살 사고가 있는 사람들 대부분과 자살을 시도하는 많은 사람은 자살에 의해 죽지 않는다고 할 수 있다.

자살이 드문 사건이므로 전체 집단의 자살 위험성에 대해 선별검사를 하거나, 모든 환자에게서 자살 사고에 대해 일괄적으로 물어보는 것이 유용하지는 않다. 그러나 여러 위험인자가 있다면 임상가는 자살에 대한 위험성을 측정해야 한다. 그러므로 이러한 위험인자를 자주 접하는 의료종사자들은 잠재적인 '위험이 있는 환자'의 자살 위험성을 분명히 평가해야 한다.

우리는 누가 자살을 실행하고 실행하지 않을지
항상 예측할 수 있는가

불행하게도 이 질문에 대한 대답은 '아니요'다. 우리가 할 수 있는 것은 가까운 시일 내에 누가 자살을 실행할지 그렇지 않을지에 대해 알아내기 위해 이미 알려진 자살 위험인자와 예방인자를 기초로 하여 개인의 자살 위험성을 평가하는 것이다. 건강 전문가들은 임상에서 특정시기의 자살 위험성을 측정함으로써 자살에 대한 문제에 접근한다. 가까운 시일 내에 자살의 위험이 얼마나 강할 것인가? 이것은 위험 및 방어인자에 대해 알아내고 고려하여 결정된다. 임상적으로 자살 위험성은 높음, 중간, 낮음으로 분류된다.

자살 위험성 평가는 정확히 과학적이라고 할 수는 없다. 각 개인의 '위험성'의 합은 다음과 같은 것들에 기초하여 결정되는데, 개인에 대한 연관성, 위험도, 방어인자 등이 그들의 정신사회적, 문화적 배경, 평가하는 시점의 삶의 경험과 함께 고려되어야 한다. 연관성과 위험도, 방어인자는 보편적이지는 않으며, 어떤 위험인자는 동시에 위험성을 기하급수적으로 올리거나 그렇지 않을 수도 있다.

한 사람에 대한 가까운 시일 내의 위험성 예측은 상대적으로 확실할 수 있지만, 대략 3일에서 7일 이후를 확실하게 예상하는 것은 대부분 불가능하다. 이것이 자살 위험성을 평가하는 사람이 잠재적 위험성의 평가를 지속하는 이유다. 위험성이 낮은 개인의 정신사회적, 직업적, 신체적, 정신적 건강상태의 변화는 그 사람을 더 높은 위험성의 범주로 이동하게 할 수 있다.

　누군가가 자살에 의해 죽거나 죽지 않는 것을 항상 예측하는 것은 불가능하지만, 자살 위험에 대한 위험 신호를 인지하고 적절한 자살 위험 평가를 안정되고 효율적으로 적용하는 것은 의료종사자가 자살의 위험에 있는 환자를 조기에 발견하여 평가 및 관리하여 개인이 죽음보다는 삶을 선택할 수 있도록 하는 즉각적이고 지속적인 중재를 도울 수 있다.

중요한 정의

- **자살 위험성:** 잠재적이거나 명백한 죽음에 대한 의도와 관련된 어떠한 생각이나 행동. 이는 자살 사고, 자살 의도, 자살 계획, 자살 시도를 포함한다.
- **자살 사고:** 자신을 해치거나 죽이려고 하는 생각, 이미지 또는 환상
- **자살 시도:** 잠재적으로나 명백하게 죽음에 대한 의도와 관련되어 있으며 고의적으로 스스로에게 가한 치명적이지 않은 행동
- **자살의 완수:** 잠재적 혹은 명백하게 죽음에 대한 의도와 관련되어 있으며 고의적으로 스스로에게 가한 치명적인 행동
- **자해(또는 자기파괴적 행동):** 잠재적으로 혹은 명백하게 죽음에 대한 의도와 관련되어 있지 않은, 고의적으로 스스로에게 가한 행동. 자해는 종종 건강에 해로운 계획이라고 할지라도 고뇌를 줄여 주고 고통스러운 생각이나 기분을 조절할 수 있다.
- **자살 행동:** 행동이나 행위의 의도와는 관계없이 죽음으로 이를 수 있는 자살 시도, 자해 행위를 포함하며 고의적으로 스스로에게 가한 치명적인 모든 행동

제**2**장

자살 위험성의 이해

제2장
자살 위험성의 이해

자살: 방어인자와 위험인자

선진국과 개발도상국 모두 자살로 인한 사망에는 수많은 위험요소가 연관되어 있다. 정신질환의 존재, 연령, 낮은 사회경제적 지위, 물질남용, 자살 시도의 과거력과 현재의 고통스러운 사건 등 보편적인 위험요소가 나타난다 할지라도 그것에는 분명한 차이가 있다. 보편적인 위험인자들의 중요성과 영향력 또한 국가마다 다르다. 또한 문화적, 지역적, 국가적인 분명한 차이점이 존재한다. 이 장에서는 선진국에서의 대규모 연구를 바탕으로 자살 사망과 관련된 요소에 대해 설명할 것이다.

자살과 자살 행동은 개인의 일생을 통해 위험인자와 방어인자로부터 영향을 받는다. 위험인자와 방어인자는 근위적이거나 원위적일 수 있고 수정 가능하거나 불가능할 수 있으며, 복합적으로 개인의 자살 위험성에 영향을 미칠 수 있다. 자살 예방 전략은 수정 가능한 위험인자와 방어인자를 목표로 하여 개인, 지역사회 수준에서 개인의

31

위험인자는 낮추고 방어인자는 높이고자 노력한다. 환자의 자살 위험성을 높이거나 낮추는 요인에 대해 파악하는 일은 임상가가 환자에 대한 자살 위험 정도를 평가하는 데 도움이 되고 행동적, 정신사회적, 환경적, 성격적인 수정 가능한 인자들을 파악하고 치료계획을 수립할 수 있도록 해 준다.

그러나 한 가지의 방어 또는 위험인자가 독립적으로 자살을 결정하는 것은 아님을 알아야 한다. 또한 모든 방어 또는 위험인자가 자살예측에 동등한 영향력을 갖는 것은 아니다. 예를 들어, 성별은 위험인자이지만(대부분의 국가에서 남성이 여성보다 자살을 실행할 가능성이 높음) 자살에 대한 계획을 가지고 있는 것은 성별이 남자라는 사실보다 자살과 더 큰 관련성이 있다. 자살에 대한 방어인자와 위험인자에 대해 고려할 때 이러한 인자들을 균형 있게 보고 환자의 경험 틀 안에서 관찰하는 것이 중요하다. 이것은 당신이 마주한 환자가 얼마나 큰 위험성을 가지고 있는지 평가하는 데 도움을 줄 것이다.

자살의 방어인자

자살의 방어인자는 자살 위험, 자살 행동을 낮춰 자살 위험을 낮추는 것으로 기대되는 요인으로 개인의 스트레스 해결 능력을 높이고, 살아가는 데 마주할 도전들에 직면하게 하여 자살 위험을 낮추게 하는 것들을 말한다. 방어인자는 내부적, 외부적 요인들로 나뉜다. 자살 가능성이 있거나 자살을 시도했던 개인들에게는 '삶의 이유'를 규명하는 능력이 자살을 막을 수 있는 내부적인 방어인자로 간주된다. 이는 그들의 삶과 '긍정'에 개인을 집중시켜 '절망'과 '비관'에 대항

할 수 있게 한다. 다른 사람과의 관계, 사랑하는 사람에 대한 죄의식, 종교적 믿음, 임신, 자녀 그리고 가족에 대한 책임감 등은 자살 사고가 있는 개인에게 '삶의 이유'로 언급될 수 있는 방어인자다. 다른 내부적인 방어인자는 문제 해결 능력, 대인관계의 원만함, 높은 삶의 만족감, 자신이나 가족 혹은 지역사회에 대한 소속감, 목적의식, 미래지향적 태도, 자기효용감, 성공의 경험, 역경을 이겨낼 수 있다는 확신, 강력한 문화적 정체성 그리고 강한 신념 등을 포함한다. 외부적 방어인자의 예로는 지지와 수용, 접근 가능한 지지체계, 건강한 대인관계, 사회적 결속력, 직업, 좋은 작업환경, 어린 자녀의 존재를 들 수 있다.

방어인자는 위험인자들보다 명확히 성립되어 있지 않고 이를 지지하기 위한 과학적 자료 또한 부족하다. 그럼에도 불구하고 자살 위험, 자살 행동을 낮추고 자살 예방을 위한 프로그램의 개발, 그리고 개인의 역량 강화에 기반을 둔 중재의 개발에 있어 방어인자들의 이해는 상당히 중요하다.

자살을 방어하기 위한 요소로 생각되는 것들은 다음과 같다.

- 삶의 이유를 갖는 것
- 내부적인 힘
  - 긍정적인 자아존중감과 자기효용감
  - 효율적인 대인관계 기술
  - 효율적인 문제 해결 능력
  - 적응 능력
  - 확고한 현실검증력

- 좌절과 혼란에 대한 관용

- 목적과 수단에 대한 강한 의지

- 높은 삶의 만족도

- 종교적 소속감

- 가족에 대한 책임감

- 긍정 및 미래지향적 태도

- 신체적, 정신적 건강

• 외부적인 힘

- 긍정적인 사회 지지

- 건강한 대인관계

- 강한 사회 결속력

- 직업

- 자녀

연구자들에 따르면 이와 같은 요소들이 자살을 막는다고 정확하게 증명되지는 않았다. 이들의 대다수가 알려진 위험요소들을 단순히 반대로 말한 것(정신질환이 없을 것, 확고한 현실검증력, 높은 삶의 만족도, 실직 등)이다. 그 때문에 개인에 있어 자살 위험성을 평가할 때 이와 같은 요소들을 과하게 적용해서는 안 된다.

자살의 위험요인

위험요인의 수는 자살 및 자살 행동과 강하게 연관되어 있다. 원거리 요소들은 자살에 대한 취약함을 증가시키는 잠재적인 소인으로서 이해될 수 있다. 기존에 밝혀진 자살의 원거리 요인들은 생물학적 요소(유전적 취약성, 신경생물학적, 정신질환의 가족력, 자살의 가족력과 폭력 및 학대의 가족력), 개인적 요소(정신질환의 과거력, 과거의 자살행동, 자살에 '노출'-직접적 또는 간접적으로 노출된 개인적 경험, 대중매체, 문화), 인격적 요소(경직된 인지성향, 빈약한 대처기술, 충동성, 공격성, 과민/불안), 초기의 부정적인 환경요소(고립, 빈곤한 환경, 의학적 접촉 부족) 그리고 초기의 외상적 경험(부모 또는 보모의 상실, 외상, 방치, 감정적/물리적/성적 학대)을 포함한다.

근거리 요소들은 자살과 자살 행동을 촉발하고 재촉하는 요소뿐만 아니라 현재 자살에 대한 취약성을 증가시킬 수 있는 요소 또한 포함한다. 근거리 요소들은 최근 또는 현재의 자살 경향성과 자살 행동, 불안정하고 건강하지 못한 대인관계, 건강과 지지 서비스에의 접촉 부족, 정신병적 또는 유의한 의학적 질환의 존재, 알코올과 약물 오용, 중독, 가정 내 폭력 또는 학대의 경험, 치명적 수단의 접근성과 가능성, 최근의 상실과 사별, 최근 자살에 노출, 빈약한 인지적 또는 사회적 기술, 좋지 못한 사회적 지지 또는 사회적 고립, 최근의 실패, 수치심, 굴욕, 거절, 소실 또는 외상을 경험, 현재 진행 중이거나 예견되는 정신 사회적 위기 등을 포함한다.

자살의 위험요소는 다음에 나열한 열 가지 주제로 설명될 것이다. 하나 또는 그 이상의 이러한 위험요소의 존재는 개인의 자살에 대한 위험성을 증가시킬 수 있다. 하지만 반드시 자살을 예측하는 것은 아니다. 위험요소들의 인지는 의료종사자에게 누가 종합적인 평가가 필요한지를 구별하고 자살에 대한 개인의 전반적인 위험의 정도를 알아내는 데 도움이 될 수 있다. 앞서 말한 바와 같이 모든 위험요소가 동등한 예측력을 갖는 것은 아니며, 요소들의 결합은 잠재적 또는 추가적으로 위험성을 증가시킨다. 가까운 미래에 자살에 대한 위험 정도를 평가하는 데 도움을 줄 수 있는 삶의 경험과 평가 과정에서 개인에게 해당되는 각 요소의 개수, 기간, 정도, 상대적 중요성을 적용해 볼 수 있다.

주제들은 다음과 같다.

- 나이
- 성별
- 현재의 자살 경향성
- 과거 자살 경향성과 자살 행동
- 정신과적 병력
- 정신과적 증상
- 의학적 병력
- 가족력
- 개인력
- 성격

나 이

북미, 서유럽을 비롯해 자료가 제시된 대부분의 국가에서 연령이 증가할수록 자살률은 증가한다. 이 경향에는 위험이 증가하는 연령대가 세 가지 존재한다. 청소년/초기 성인, 중년과 노년. 일반적으로, 자살률은 초기 중년기가 도래하기 전인 후기 청소년기나 젊은 성인기에 급격히 증가하며, 중년에 다시 한 번 증가하고 70세 이후로 또다시 증가한다.

선진국에서 가장 높은 자살률은 노년기에서 볼 수 있다. 일반적으로 노년기에서의 자살 행동은 그보다 낮은 연령층의 자살률보다 더욱더 치명적이다. 자살을 행한 노인들은 사회적으로 고립되고, 사고가 경직되어 있으며, 일반적으로 젊은 사람에 비해 죽음에 대한 강력한 의지를 나타낸다. 또한 자살 사고와 계획에 대한 경고 표시를 덜 드러내고, 자살을 행할 때 더 폭력적이고 치명적인 방법을 사용하며, 더 계획적이다. 노인의 자살 사망률이 높은 것은 육체적 회복성이 낮고 다양한 육체 질환을 경험하며 치명적일 수 있는 약물에 접근이 쉽기 때문이다.

15~24세 집단에서, 미국의 자살률은 1950년대 이후로 3배로 증가했고 젊은 연령대의 주요 사망 원인 세 가지 중 하나가 되었다. 지난 수십 년 동안 미국, 캐나다 그리고 다른 많은(하지만 전부는 아님) 국가에서 젊은 연령대의 자살은 줄고 있다. 그렇지만 많은 국가에서, 자살은 15~24세 사이의 젊은 연령대에서 사망의 주요 원인 세 가지 중 하나로서 지속적으로 언급되고 있다. 젊은이들의 자살이 전체 사망원인에 기여하는 정도를 살펴볼 때에는 이 연령대에서 다른 원인들로 인한 사망(사고와 살인은 제외)의 비율이 다른 연령대에 비해 더 낮다는 것을 고려해야 한다. 일반인들의 인식과 달리 인생의 첫

30년을 보았을 때 가장 높은 자살률은 10대가 아닌 성인기에서 나타난다.

질문: 청소년기와 젊은 성인기에서 자살률의 증가는 무엇으로 설명이 가능한가?

답변: 이 질문에 대한 간단한 답변은 없다. 감정적, 인지적, 물리적 그리고 행동적 발달의 문맥 속에서 정신사회적 그리고 생물학적 요소들의 복합적 상호작용이 대개 포함된다. 하지만 젊은 연령대에서 자살률의 증가는 정신질환 발생의 증가와 밀접한 연관이 있다는 것은 확실하다. 주요정신질환 중 대부분은 청소년기에 시작된다. 심각한 정신질환(우울증, 양극성장애, 조현병)이 증가함에 따라, 자살률 역시 증가한다. 일반적인 생각과 달리 자살은 청소년기 동안 보통 예상할 수 있는 스트레스에 의해서 일어나지는 않는다. 젊은 연령대의 대부분은 10대의 과정을 훌륭하게 마무리한다.

성 별

자살률은 남자와 여자 모두에서 나이가 증가함에 따라 높아지며 다른 연령대에서도 일반적으로 비슷한 양상을 보인다. 대부분의 국가에서 자살로 인한 죽음은 여자보다는 남자에게 더 흔히 발생한다.

미국에서는 남자의 자살률이 여자보다 4배가량 높게 나타났다. 남자와 여자 사이의 불균등한 사망자 숫자는 남자들이 자살을 행하는 방법(예: 총기 사용 또는 목을 매는 방법)이 구조되거나 살아남기가 더 어려운 경향이 있기 때문이라고 할 수 있다. 여자는 덜 치명적이고 살아남을 가능성이 높은 방법, 예를 들어 약물의 과다복용과 같은 방법을 선택한다.

여자에 비해 남자에게서 자살률이 높은 이유

- 남자는 여자보다 감정적이거나 심리적인 도움을 청하는 경향이 적다.
- 남자는 여자보다 더 충동적으로 행동하는 경향이 있다.
- 남자는 여자보다 사회적으로 덜 고립되어 있다.
- 남자는 여자보다 감정적 혹은 심리적인 도움을 받아들이려는 의지가 부족하다.
- 남자는 여자보다 더 치명적인 자살 방식을 택할 수 있다.
- 남자는 자살 행위를 중단하거나 구조될 기회가 적다.
- 남자는 약물남용의 비율이 더 높다.
- 알코올과 약물남용은 여자보다 남자에게서 우울증과 흔히 동반된다.

답변: 여성의 자살 행동, 자살 시도 그리고 자살의 완수는 가정 폭력이나 학대와 큰 연관이 있다. 가정 폭력과 학대는 어느 누구든 나이나 성별, 소명, 지위, 문화, 종교 또는 지역을 불문하고 발생하며 대부분의 피해자는 여성이다. 여성을 학대하는 사람들은 대부분 그녀의 가족 구성원이거나 배우자다. 전 세계적으로 여성 세 명 중 한 명이 물리적, 성적 또는 감정적 학대를 경험하며, 가정 폭력이나 학대는 간과되고 무시되며 부인되거나 또는 가정이나 지역사회에서 은폐된다. 눈에 보이는 증거는 없지만 깊고 오래 지속될 상처로 남게 될 심리적 또는 감정적 학대는 종종 축소되거나 심지어 학대로 인정조차 되지 않는다.

몇몇 문화권에서 사회뿐만 아니라 가족 내에서도 일어나는 성 불평등은 그들의 자살 위험을 높인다. 사회 문화 그리고 가족의 정의와 사회 내에서 여성의 '역할'이나 지위에 대한 기대는 개인에 따라 위험요소가 될 수도 있다. 여성의 미덕과 가족의 존엄은 과소평가 되어서는 안 되고, 특히 이러한 개념이 강하게 박힌 사회나 단체에서 더욱 심하다. 일부의 경우에서 이러한 가치에 반한 실제적이고 인지된 범죄는 자살 행동을 하도록 하기에 충분한 사회적, 가족적인 제재를 이끌어 낼 수 있다.

비록 임신이 여성에게서 자살의 예방인자로서 보고되고 있지만, 계획되지 않았거나 원치 않았던 임신(자신과 가족에게 심각한 수치심,

굴욕감 또는 응징을 가져다주는)은 예외다. 분만 후에 발생하는 심각한 정신병적 장애(산후우울증 또는 산후정신증)는 여성에게 자살뿐만 아니라 영아 살해의 위험 증가로 이어진다.

산후우울증

50%의 여성이 출산 후 우울한 기분, 과민반응, 기분의 변동, 울음발작, 피로감, 불안 등의 증상을 보인다. 이러한 증상은 대개 출산 후 첫 주에서 둘째 주 사이에 나타나며 '산후우울감'이라고 불린다. 산후우울감은 자연적으로 호전되며 대개 며칠 정도 지속된다. 보통 수 주에 이르는 경우는 드물고 지지 및 관심만으로 회복되며 그 외의 의학적 중재는 필요하지 않다. 그러나 산후우울감은 심각한 질환인 산후우울증의 조짐일 수 있다.

산후우울증은 여성의 10~15%에서 발생하며 대개 출산 후 첫 4~6주 내에 시작된다. 산후우울증에 걸린 여자는 주요우울장애의 진단기준을 충족하나 다른 우울장애보다 감정의 기복이나 불안 증상이 더 심하다.

산후우울증을 겪는 어떤 산모들은 아기를 향한 노골적인 무관심을 보이거나 아이와 단 둘이 있는 것을 두려워하게 된다. 또 다른 산모들은 아기가 잘 있는지에 대한 생각에 부적절하게 사로잡히기도 한다. 이러한 생각은 강박적이고 일부 경우에는 망상적인 상태에까지 도달할 수 있다.

산후우울증을 겪는 산모들은 아기를 돌보는 어머니라는 역할에 대해 자주 강한 부끄러움, 죄책감 그리고 아기를 잘 못 돌본다는 무능감을 느끼며, 이 감정들은 산모가 이러한 질병을 지녔는지 모르는 가족, 사회, 의료인에 의해 의도하지 않게 강화된다. 주산기에 도움을 주는 사람(의사, 간호사, 조산사 등), 사회사업가, 일차 진료의 및 소아를 돌보는 사람은 산후우울증의 징후, 증상, 위험인자에 대해 반드시 알고 있어야 하고, 산후우울증 증상을 보이는 산모에 대해 검사가 진행되어야 한다. 우울증과 마찬가지로 산후우울증도 자살의 위험을 높이고 심한 경우(특히 정신질환과 관련될 경우) 영아 방임으로 이어질 수 있다.

산후정신병

산후정신병은 출산 1,000건당 한 명 정도 발생한다. 이 질환은 기분장애(양극성장애, 주요우울장애)와 밀접한 관련이 있을 것으로 여겨진다. 산후정신병을 겪는 여성 중 절반은 기분장애의 가족력을 가진다. 산후정신병 환자의 50~60%는 대개 초산모(첫 출산)이며 많은 경우(50%)에서 다른 주산기 합병증의 기왕력이 있다.

산후정신병의 첫 증상은 대개 출산 후 첫 2주 내에 나타난다. 산후정신병의 초기증상은 많은 경우 우울한 기분, 과민반응, 기분의 변동, 울음발작, 피로감, 불안 등의 증상을 보여 산후우울증을 유발한다. 질병의 초기에는 정신증이 나타나기 이전으로, 이때는 불안과 불면증을 동반한다. 이후 의심, 인지장애(혼란과 지리멸렬), 아기의 건강과 안녕에 대한 강박증이 발생한다. 산후정신병을 앓는 많은 여자가 아기에 대한 망상적인 생각(아기에게 악마가 씌었다거나, 아기가 죽었다, 혹은 장애를 가졌다고 하는 등)을 갖게 된다. 어떤 산모들은 임신과 출생을 부정하기도 하며 아기를 두려워하거나 혐오하기도 하고 아기를 해치려는 충동을 가진다. 피해망상과 신체망상도 흔하다. 게다가 산후정신병에 걸린 여자들은 그들 자신 또는 아기를 해치라는 명령환청 증상에 시달리기도 한다. 대개 산후정신병 산모의 5%는 자살을 시도하며 4%는 영아 살해를 시도한다.

답변: 동양에서 자살과 자살 피해자에 대한 통계는 서양에서 보이는 양상과 상당히 다르다. 비록 수명과 연관된 일반적 경향은 서양과 그 양상이 비슷하나, 수많은 젊은이와 여성은 서양에 비해 많은 자살을 경험한다. 물론 선진국과 비교했을 때 개발도상국에서의 남녀 자살 비율은 매우 다양하다. 예를 들어, 파키스탄은 여성 자살률보다 남성의 자살률이 2~3배 높게 보고되고 있다. 하지만 다른 몇몇 나라에서는 자살의 성비가 이보다 훨씬 낮게 보고된다. 인도와 같은 많은 아시아 국가에서 농촌 지역 남자와 여자의 자살 비율은 거의 같다. 중국은 여자의 자살률이 남자의 자살률보다 25% 높은 것으로 나타났다.

표 2-1 나이 및 성별과 관련되는 위험인자

	고위험	저위험
나이	노인 15~35세	사춘기 이전
성별	남자	여자
여자	배우자의 학대 가정 폭력 산후우울증 산후정신병 역할에 대한 높은 기대 학습된 성적 불평등	임신 가정에 자녀가 있음

현재의 자살 경향성

자살 경향성은 자살에 의한 죽음 또는 삶의 종말에 대한 암시적 또는 명시적 의지와 연관된 어떠한 생각이나 행동을 포함한다. 자살 경향성은 자살 사고, 자살 의도, 자살 계획 그리고 자살 시도를 포함한다.

자살 사고는 흔하다. 많은 사람이 스트레스와 위기를 겪는 동안에 자살을 생각한다. 하지만 이러한 생각을 하는 사람들 중 대다수는 결코 자살을 시도하거나 성공시키지 못한다. 그렇더라도, 자살 사고의 존재는 자살의 위험성을 높이는 강한 지표다.

자살에 대한 생각은 선택의 폭이 좁은 문제에 대한 해결책이 필요한 개인의 경우에 자살 시도에 대한 가능성을 높일 수 있다. 앞이 보이지 않거나 또는 진이 다 빠져버렸다고 생각하는 사람들에게 대안적인 해결책으로서 자살은 타당한 것 같은 선택이 될 수 있다. 자살에 대한 생각은 궁극적으로 자살 행동이나 자살에 의한 죽음을 이끌어 낼 수 있는 자살의 시작이라고 할 수 있다. 자살의 과정은 자살 사고와 자살 행동 사이의 기간을 의미한다. 자살의 과정, 기간, 그리고 진행에 영향을 미칠 수 있는 수정 가능한 요소들의 본질을 이해하는 것은 자살 과정을 막고 자살 행동을 예방하기 위한 성공적인 개입을 계획하는 데 있어 필수적이다.

자살 사고

자살 사고란 죽음에 대한 생각, 환상, 반추, 집착 등을 말한다.

자살 사고는 '수동적'이면서 '능동적'일 수 있다. 자살에 대한 능동적인 사고나 자기 자신을 죽음에 이르게 할 수 있는 자살의 과정을 시작하고자 하는 사람은 능동적 자살 사고를 경험하고 있는 것이다. 반면에 사라지고 싶다는 생각을 하거나 잠이 든 뒤 절대로 깨고 싶지 않다는 생각, 또는 살고 싶지 않다는 생각을 하면서도 능동적으로 자기 자신에게 죽음을 초래할 수 있는 자살의 과정을 시작하려는 생각이 없는 사람은 수동적 자살 사고를 경험하고 있는 것이다.

능동적 자살 사고는 수동적 자살 사고에 비해 훨씬 더 자살 사고의 정도나 지속성이 크고 궁극적으로 자살 위험성이 높다. 자살을 고려하는 많은 사람이 그들의 생각이나 계획을 자살을 시도하여 죽음에 이를 때까지 드러내지 않는다는 제1장의 언급을 기억해 보자. 자살 경향성을 숨기거나 비밀로 하는 것은 흔한 일이다. 드러내지 않고 감춰진 자살 경향성은 '숨겨진' 자살 경향성이라 일컫는다. 숨겨진 자살 경향성은 자살로 인한 죽음의 위험이 매우 높다. 왜냐하면 개입의 기회를 찾을 수가 없기 때문이다.

자살 사고는 연속성(일시적인 것부터 지속되는 것)이나 강도(조절되는 것부터 견딜 수 없는 또는 자제가 되지 않는 것), 기간(만성적인 것부터 급성적인 것), 지속성(간헐적인 것부터 계속되는 것) 그리고 의지의 차이(죽음에 대한 욕구나 열망이 없는 것부터 죽음에 대한 강한 열망)뿐만 아니라 동기에 따라 나뉜다.

자살에 대한 생각의 존재와 본질, 계획 그리고 의지와 신념은 개인의 자살에 임박한 위험성을 평가하는 데 대단히 중요하다.

자살 의도

자살 의도란 자살로 죽고자 하는 환자의 열망이나 전념을 말한다. 자살 의도의 정도는 환자의 전념 그리고 선택한 방법이나 계획으로부터 평가된다. 계획을 시행하기 위한 환자의 전념이 매우 강하거나 계획이 치명적이라면 자살의 위험성은 매우 커진다.

자살 계획

자살에 대한 계획이 자세하고 구체적일수록 자살의 위험성은 더 높아진다. 선택한 자살 방법의 치명성, 시간과 상황, 자살 수단에의 접근성, 준비상태 등이 영향을 준다. 일반적으로 자살에 대한 계획은 사전에 준비되고 잘 드러나며(자살 노트를 씀, 유언장을 준비함, 자신의 소유물이나 재산을 포기함, 자살 수단에 대해 보호하려는 행동을 취함) 매우 치명적인 방법을 사용하거나(총기 사용 또는 목을 매는 방법) 발견이 어려운 시간과 장소를 선택하는데, 이러한 점들은 자살의 높은 위험성을 나타내는 징조라고 할 수 있다.

자살 방법의 선택은 자살로 인한 죽음의 위험도를 결정하는 중요 인자다. 방법이 더 치명적일수록 자살 완수의 가능성이 높아진다. 자살을 위한 특정한 방법의 접근 가능성, 자살 방법에 대한 사회문화적 인식은 해당 지역의 자살 예방에 강력한 영향을 미친다. 일반적으로 남자는 더 폭력적인 방법을 선택하는 데 반해 여자는 덜 폭력적인 방법을 선택한다. 전 세계적으로 목을 매거나, 총기에 의한 자살, 약물에 의한 자살이 치명적인 방법들 중 흔하게 사용되는 방법이다(목을 매는 것은 남자와 여자 모두에게서 가장 흔한 방법임).

총기는 미국에서 가장 흔한 자살 방법이고 캐나다에서는 목을 매는 것이 가장 흔한 방법이다. 개발도상국, 특히 농촌지역에서는 농약을 먹는 경우가 가장 흔하다. 농약을 먹는 경우는 캐나다나 미국, 대부분의 유럽국가에서는 흔하지 않지만, 전 세계적으로 자살 방법의 30%는 농약으로 인한 경우다.

질문: 치명적인 자살 계획의 특징이 있나?

답변: 자살 계획의 잠재적인 치명성을 나타내는 중요한 측면은 선택한 방법, 방법의 실행 가능성, 선택한 방법에 대한 개인의 이해 정도 및 믿음, 구조의 기회, 자살을 시행하는 단계, 죽음에 대한 준비 정도 등이다.

자살 방법: 치명적인 자살 방법의 선택은 높은 자살 위험성과 관련이 있다(예: 총기, 높은 곳에서 뛰어내림, 농약 복용, 자동차 사고). 자살에 가장 흔히 쓰이는 방법으로 총기, 독극물, 목을 맴, 약물복용 등이 있다.

- **자살 방법의 용이함:** 치명적인 자살 수단에 대한 접근의 용이함
- **자살 방법의 치명도에 대한 환자의 믿음:** 환자의 죽음에 대한 의도 및 집중도를 나타내는 수단의 치명성에 대한 환자의 믿음
- **구조 기회:** 구조 기회가 낮은 것은 성공적인 자살의 위험이 높은 것과 관련이 있다.
- **자살을 시행하는 단계:** 총기의 구입, 약물 수집, 날짜, 시간을 잡음, 계획을 준비함, 고립, 발견되지 않으려고 노력하는 것과 같이 자살 계획을 실행하기 위한 모든 행동이 자살의 위험성을 높인다.

• **죽음에 대한 준비:** 환자 스스로 자살 후 예상되는 일들에 대비해 준비(예: 경제적 의무를 이행하는 계획, 유언장 작성, 재산의 포기, 사랑하는 사람에게 편지 쓰기, 다른 이들을 위한 보상, 자살 노트 작성)

표 2-2 자살 위험성의 위험인자 요약

	고위험	저위험
자살 사고	지속적 강렬함 제어되지 않음 극심함 지속됨	간헐적 강도가 낮음 제어됨
자살 의도	죽음에 대한 강한 욕구 행동에 대한 강한 전념 죽음에 대한 기대	강한 양가감정 행동에 대한 낮은 전념
자살 계획	사전 계획됨 치밀하게 계획됨 매우 치명적인 수단 자살 수단에의 접근이 용이	계획 없음 치명도가 낮은 수단 자살 수단에 접근할 수 없음

과거의 자살 경향성과 자살 행동

자해는 죽음에 대한 암시적 또는 명시적 의지와 연관성이 없는 고의적인 자기 파괴 행동을 의미한다. 일반적인 자해 행동은 손목을 긋는다거나 방화, 상해, 독극물 복용 그리고 질식을 포함한다. 죽음이나 생명의 단절에 대한 의지가 부족한 것은 자살 시도와 자해를 구별지어 준다. 자해 행동에 대한 '의지'는 긴장감, 불안감 또는 압박의 표출, 감정적이고 정신적인 고통의 절감, 자기 징벌, 부정적인 생각이나 감정들의 제어나 회피, 도움 추구 행동, 또는 조작을 포함한다. 일반적인 자해 행동에 관한 오해는 자해 행동의 목적이 죽음이 아니기 때문에 자살의 위험인자가 아니라는 것이다. 이것은 사실이 아니다. 자해 행동은 정신질환, 심각한 정신건강 문제 및 급작스러운(또는 급작스럽다가 만성적이 되어 버린) 정신적 스트레스에 의한 증상일 수 있다. 비록 자해의 의도가 삶을 끝내는 일이 아니라 할지라도, 자해를 하는 사람들은 돌발적 죽음뿐 아니라 자살의 위험성도 높아진다.

자살 시도는 성공한 자살에서 10~20배가량 더 흔하게 발생하며, 자살로 죽음을 맞이하는 이들의 50% 정도가 적어도 한 번 이상 자살을 시도한 것으로 나타났다. 이 수치는 충분한 의학적인 경고를 받지 않아서 계산이 되지 않았기 때문에 실제 자살 시도의 발생률보다 낮게 평가된 것으로 보인다. 게다가 진행되다가 중단된 혹은 계획된 대부분의 시도는 수치에 잡히지 않았다. 비록 자살을 시도하는 개인들 대부분이 다시 시도를 하지 않거나 자살로 인해 사망하지 않더라도, 과거의 자살 시도는 자살로 인한 죽음의 중요한 위험요소다. 자살을 시도하는 사람들 중 1/5가량이 재시도(대부분 1년 안에)를 하고 재시도는 보통 더욱더 치명적인 방법과 관련되며 구조되거나 살아남을 기회가 더 적고, 심각한 의학적 어려움을 초래할 확률 또한 높아진다.

과거의 자살 시도 병력은 미래의 자살에 대한 가장 훌륭한 예측변수다.

자해 행동과 자살 시도는 노인들에 비해 젊은이들에게 더 흔하며 남자보다 여자에게서 더 흔하게 나타난다. 여자의 자살 시도가 높은 비율을 나타내는 것은 자살 방법에 있어서의 성별 차이를 반영한다 (남자는 여자보다 더 과격하고 치명적인 방법을 사용하여 여자에 비해 살아남을 확률이 더 낮다). 몇몇 지역에서 자해 행동은 '자살 시도'로 보고 되며 성별에 따른 차이가 과장되게 부풀려진 경우도 있다.

이전의 자살 시도가 최근이거나, 과거에 여러 번 자살을 시도했거나, 환자가 살아남은 것에 대해 후회를 하거나, 또는 과거의 시도가 아주 강한 죽음을 원하는 의지를 내포하거나 매우 치명적인 방법으로 시도, 심각한 부작용(예: 의학적 합병증)을 초래했거나 또는 발견되는 것을 피하기 위해 계획되었다면 자살 성공의 위험성은 커진다. 더하여, 오래 지속된 의학적 질환이나 정신적인 문제(특히 우울증이나 알코올남용), 사회적 고립과 빈약한 사회적 지지들은 자살을 시도했던 사람의 자살 위험성을 증가시킨다.

미래의 자살 위험성을 높이는 과거 자살 시도의 특징
- 최근의 시도
- 여러 차례 시도
- 실패/살아남음에 대한 후회
- 매우 치명적인 방법의 사용
- 부정적인 결과 초래
- 사전에 치밀한 계획
- 회복의 낮은 가능성

미래의 시도와 자살에 의한 죽음의 위험을 증가시키는 개인적 요소

- 오래된 의학적 질환의 존재

- 정신과적 질환의 존재

- 사회적 결속이 낮음

- 사회적 지지가 부족

표 2-3 과거 자살 행동의 위험인자 요약

자살 위험성을 높이는 과거의 자살 행동	고위험	저위험
확인된 자살 시도 확인되지 못한 자살 시도 무산된 자살 시도 자해와 자해 행동	최근 시도 여러 번의 과거 시도 높은 의도성 살아남음에 대한 후회 매우 치명적 방법을 사용 심각한 부정적 결과 미리 계획되고 잘 짜임 낮은 회복가능성	첫 시도 살아남음에 감사 자살 시도에 대한 후회 양가감정 낮은 의도성 치명도가 낮은 방법을 사용 구조의 가능성이 높음

정신과적 병력

정신장애는 자살에 대해 가장 기여도가 높은 위험인자다. 가장 크게 관련성이 있는 정신장애로 약물남용 및 의존(특히 알코올)뿐만 아니라 기분장애, 정신증, 불안장애, 인격장애 등이 있다. 더하여 우울증상, 절망감 또는 알코올과 다른 약물복용장애가 정신질환과 동반되었을 때 자살 위험성은 증가한다.

서로 다른 질환들과의 연관된 위험인자에 대한 논의를 시작하기 전에, 자살과 정신장애의 관계를 되새겨 보자.

자살과 정신질환의 이해

자살의 위험인자와 예방인자는 정신질환의 나쁜 예후나 악화의 위험인자, 예방인자와 비슷하다. 유전적 취약성, 가족의 병력, 아동학대/방치와 같은 초기의 부정적 경험, 부정적 초기 환경(주산기 합병증), 빈곤한 환경, 낮은 사회경제적 지위, 외상에의 노출, 유의한 부정적 사건들은 자살 경향성과 정신건강 문제나 정신질환의 위험과 연관이 있다. 더하여 정신질환의 증상들은 자살 행동의 악화를 직접 초래한다. 정신질환을 앓고 있는 환자에게서의 명령환각이 하나의 예다. 주요우울장애의 특징인 절망감, 무가치함, 사회적 혹은 감정적 고립이 또 다른 예가 될 수 있다.

정신질환은 감정, 사고나 행동의 장애가 특징적이다. 정신질환은 합리적인 생각, 문제 해결, 판단, 충동억제 그리고 자기조절(내적/외적 감정 반응과 행동을 조절할 수 있는 능력)과 같은 능력들이 감소할 수 있다. 정신질환은 개인의 자유의지, 동기 그리고 의미 있는 사회적 결속, 직업과 레크리에이션과 연관된 활동들을 방해할 수 있다. 또한 정신질환을 가지고 사는 사람들은 일반인들보다 차별, 남용, 사회적 배제, 결혼하지 못함, 강한 사회적 지지의 부족, 내적/외적 목표달성의 실패, 개인적 혹은 사회적·직업적 성취, 사회적·문화적 역할과 기대 수행의 실패로 고통받기 쉽다. 정신장애를 가지고 사는 사람들은 또한 학교를 중퇴하고 특별한 훈련을 받지 못하며 실직하기 쉽다.

그러므로 이들은 문제에 대처하고 해결하는 능력, 부정적인 사건과 위기상황을 관리하기 위한 사물 변별 능력과 회복력 등 자살 위험을 완화시키는 중요한 예방인자가 부족하다. 정신질환으로 고통받고 있는 사람, 사회적으로 고립된 사람, 의미 있는 개인적, 학업적, 직업적 또는 금융적 손실을 경험하는 사람, 대처기술이 부족한 사람, 정신질환의 결과로서 다른 사람들에게 의존적인 사람, 이전에 가지고 있던 기술이나 사회적 지위를 잃은 사람, 또는 더 이상 그들의 사회문화적 혹은 가족 내 역할을 수행할 수 없는 사람들은 특별히 자살의 위험성이 높다.

정신질환과 동반되어 자살의 위험성을 높일 수 있는 요인은 다음과 같다.

- 사회적 고립
- 가정에서의 역할 및 지위의 상실
- 인간관계의 상실
- 직업적 상실
- 이전에 가지고 있던 기술/경쟁력의 상실
- 회복의 결함을 인지
- 물질 또는 알코올남용/의존
- 문제 해결 능력 저하(인지장애)
- 우울증상
- 절망

기분장애

기분장애는 자살로 인한 사망의 위험성을 20배 이상 높인다. 많은 연구에 따르면 자살로 인해 죽음에 이르는 사람의 50%가 주요우울장애를 겪고 있었다고 한다. 자살한 환자에게서 가장 많이 발견되는 진단은 주요우울장애와 양극성장애의 우울삽화나 혼재성 삽화다. 양극성장애의 범주 안에서 우울삽화를 겪은 환자는(양극성 우울) 단극성장애(주요우울장애)의 범주 안에서 우울삽화를 겪은 환자보다 자살을 할 가능성이 더 높다.

임상적인 우울증은 전체 인구의 6~8% 정도가 겪고 있는 정신과적 질환이다. 임상적인 우울증은 청소년기 또는 초기 성인기에 처음 시작하는 경향이 있으며 이 시기의 자살률과 큰 관련성이 있다. 우울증은 만성적이거나 일시적 질병이며 장애가 생기고 나서부터 5년까지의 삽화가 개인에게 매우 중요하다. 비록 우울증에 가족력이 중요하고 최근의 연구에서 우울증에 유전적 경향이 있다는 것이 밝혀졌지만, 우울증에 따른 자살은 질병과 환경적 요인의 복합적인 상호작용에 의한 결과물이다.

주요우울장애나 양극성장애를 앓고 있는 젊은 환자에게서 우울증상과 함께 공황발작, 심한 불안, 집중력의 저하, 심한 불면증, 알코올 남용, 무쾌감(즐거움, 흥미, 이전에 즐기던 활동들의 상실)이 동반된 경우, 자살은 질환의 초기에 일어날 가능성이 많다. 절망, 미래에 관해 부정적인 기대, 미래에 대한 자포자기 상태는 자살 위험성을 높이며, 이는 특히 질환의 후기 단계와 관련되기 쉽다. 우울증이 만성 병적 상태(예: 통증이나 심장질환)나 목숨을 위협할 수 있는 심한 병적 상태

(예: 암)와 병발된 경우 자살의 위험은 실질적으로 증가하게 된다.

일반적으로, 임상적 우울증은 DSM과 ICD(국제 질병 분류법) 두 가지 진단기준 중 하나에 의해 진단된다. 환자는 평상시의 기분과는 다르고 오래 지속되며 기능장애를 초래하는 다음과 같은 증상들에 대해 말할 것이다.

- 우울감, 슬프거나 불안정한 기분
- 기쁨이나 관심의 상실
- 활력의 부족
- 집중하기 어려움
- 입맛의 상실
- 절망적 혹은 무가치한 느낌과 생각
- 죄책감이 머리를 떠나지 않음
- 잠들기 어려움
- 자살 사고/계획(또는 살아갈 가치가 없다고 느끼는 것)

비록 우울증을 가진 일부 환자가 감정적 또는 정신적 고통을 나타낼지라도, 많은 환자는 불면, 두통, 활력의 부족, 위장증상 그리고 명확한 의학적 원인이 없이 애매하고 비특이적인 육체적 증상을 한 번 이상 나타낸다. 다른 경우, 환자 또는 그들의 가족은 갑작스럽거나 점진적인 육체적 상실이나 일, 학교, 사회 또는 가족 내 기능의 상실을 걱정하는 것으로 나타난다. 이러한 임상적 시나리오에서 불쾌감, 절망과 기쁨의 결여와 같은 핵심적 우울증상들이 내재해 있는 것으로 보인다. 따라서 의료종사자들은 동반되거나 숨겨진 우울증의 '경고 표시'인 문제들을 반드시 알고 있어야 한다.

모든 우울증 환자는 그들의 자살 위험에 대해 지속적으로 관찰되어야 한다. 심지어 그들이 기분이 좋아지거나 또는 질환이 호전된다 할지라도 마찬가지다. 이것은 특히 치료 초기에 중요한데, 초기의 에너지나 행동과 연관된 일부 약물에 의한 부작용이 자살 사고나 자해 행동을 증가시킬 수 있기 때문이다.

우울증 진단과 함께 발생한 특정한 증상은 자살 위험성을 증가시킬 수 있다.

- 절망
- 공황 발작
- 심한 불안
- 심한 무쾌감증
- 정신증상

우울증의 진단과 동반된/동반되지 않은 심각한 절망감은 자살 행동의 가능성을 증가시킨다.

알코올과 물질사용장애

알코올남용과 의존은 자살로 인한 사망의 약 25~50% 정도 중요한 역할을 하였고, 일반 인구와 비교했을 때 6배 높은 자살 사망률과 연관되었으며 평생 자살률도 15%가량 더 높았다. 자살률은 임상적 우울증과 동반된 알코올중독에서 더 높게 나타난다. 주요우울삽화는 자살로 사망한 알코올중독자의 3/4에서 확인할 수 있다. 정신장애 (특히 기분장애, 인격장애, 불안장애 또는 조현병)와 알코올이나 물질사용장애가 동반되면 정신질환이나 알코올과 물질사용장애가 독립적으로 존재하는 것보다 자살이나 자살 행동의 위험이 훨씬 높아진다. 복합물질남용을 포함하는 물질남용은 자살의 흔한 전조증상이다. 우울증과 조현병에서 물질남용자의 자살은 종종 마지막 단계, 즉 장애가 건강, 사회, 인간관계, 경제적/직업적 기능에 영향을 미치는 단계에 일어나게 된다. 그리고 자살 성공의 더 높은 위험을 지닐 뿐만 아니라, 약물남용장애, 특히 알코올남용 또는 의존장애를 지닌 환자들은 자해나 자살 시도의 위험 또한 증가한다. 알코올남용장애를 지닌 환자들에게 자살과 관련된 위험은 남자와 여자 모두에게 증가하는데 반해, 자살 성공의 비율은 남자에게서 높고 자살 시도의 비율은 여자에게서 높게 나타난다.

물질사용장애로 인한 자살의 추가적인 위험요소는 다음과 같다.

- 최근 혹은 임박했거나 위협적인 대인관계의 단절
- 다른 정신질환, 특히 우울증과의 공존

알코올사용장애로 인한 자살의 추가적인 위험요소는 다음과 같다.

- 자살 의도의 전달
- 이전의 자살 시도

- 지속된 혹은 과도한 음주
- 실직이나 법적 분쟁, 재정 곤란과 같은 위기나 정신사회적 스트레스
- 독신
- 낮은 사회적 지원
- 심각한 내과적 질환들
- 개인적인 어려움
- 다른 물질 사용

질문: 만약 환자에게 알코올중독이나 의존이 없더라도 술에 취한 것만으로도 자살의 위험요소가 될 수 있나?

답변: 알코올중독이나 의존 없이 술에 취한 것만으로도 자살의 위험요소가 된다. 자살로 사망하는 많은 사람이 자살 시도 전에 술을 마신다. 자살 이전에 술을 마시는 사람들은 더 많은 대인관계적 또는 정신사회적인 스트레스를 경험하는 것이며, 죽기 전에 도움을 덜 구하려고 했을 것이다. 술에 취함으로써 발생하는 자살은 계획적이기보다는 충동적이며, 총기 사용과 같은 치명적인 방법이 더 자주 사용된다.

불안장애

자살 사고와 자살 시도는 불안장애 환자에게서 흔하다. 불안장애

는 대략 자살의 15~20% 정도 주요한 역할을 하고 자살 위험을 약 6~10% 상승시키는데, 특히 공황발작과 우울 또는 알코올남용과 관계된 경우가 많았다. 불안장애와 무관하게 심각한 불안 또는 공황발작이 존재한 경우, 자살의 위험성은 높아진다.

정신질환

정신질환의 존재는 10% 이상 자살과 관련이 있고 조현병은 자살의 위험을 10배 이상 높인다. 이전 연구에 따르면 50% 이상의 조현병 환자가 질환의 경과 중 특정 시점에 자살을 시도하였다. 조현병에서의 자살 시도는 빈번하게 우울증, 정신사회적 스트레스 그리고 정신병적 증상에 의해 촉발되었으며 종종 심각한 의학적 상태나 높은 자살 의도와 관련되었다.

조현병에서의 자살은 발병 초기 몇 년 동안 가장 흔했고 자살 위험성의 증가는 환자의 기여요인과 증상의 특성, 질환의 경과 기간 등과 상관관계가 있었다. 만성경과를 밟은 환자는 더 높은 자살 위험이 있었고 이들 환자는 수차례 정신질환으로 입원했으며 자살 시도의 기왕력이 있었다. 또한 분명한 우울증상이 있는 환자나 병전 상태가 좋았고 만성적인 질환에 대해 병식을 가진 경우(개인의 특성, 사회적·직업적 기능에 대해 질병이 부정적인 영향을 끼침을 인정하고 이전의 기술과 능력의 상실을 인지한 사람)와 마찬가지로 높은 자살 위험성이 있었고 특히 치료의 효과에 비관적일 때 그러한 경향이 심하였다. 관련 요인들은 남자, 젊은 나이, 사회적 고립, 심한 불안이나 좌불안석증(실질적이고 주관적인 불안) 그리고 분명한 정신병적 증상이었다. 그들의 증상 때문에 공포에 사로잡히거나 피해망상을 경험하거나 공격적인 또는 자살을 강요하는 환청을 경험하게 되면 자해의 위험과 자살을 시행하는 경우가 많았다(무관심이나 무욕증과 같은 현저한 음성증상들은 자살의 위험을 감소시키는 것과 관련이 있다).

명령환각은 환자에게 특정 행동을 지시하거나 특정 생각을 하도록 하며 행동을 특정한 방식으로 하도록 하는 환청이다. 모든 형태의 명령환각이 환자 안전을 해치는 것은 아니다. 예를 들어, 명령환각이 환자에게 문을 닫으라 하거나 특정 색상의 옷을 입으라고 하는 것은 위험한 것은 아니다(비록 환자에게 고통을 주더라도 그러함). 반면에, 명령환각이 환자에게 자해하거나 다른 사람을 해치는 행동으로 유도하면 매우 치명적이다. 환자가 명령환각에 따를지 여부를 예측하는 것은 어려운 일이기 때문에, 위험한 명령환각을 경험한 환자는 주의 깊게 관찰해야 한다.

다수의 환자에게 있어 퇴원 직후 또는 재발 후 회복기 동안에 자살 혹은 자살 시도의 위험도가 높다. 이는 부분적으로 증상의 호전과 동반되는 병식의 회복에 기인하며, 환자가 질병으로 인한 기능의 장애나 사회적 낙인, 인간관계에 대한 상실을 알게 하여 결과적으로 본인이 정신적으로 건강하지 못하다는 것에 대한 차별과 낙인을 초래하게 한다. 더욱이, 급성 삽화 후에 뒤따른 정신병 후 우울증의 발현은 조현병 환자에게는 취약한 시기로 여겨지며, 특히 좋은 병식과 병전 기능을 가진 젊은 남자에게서 흔한 것으로 알려져 있다.

조현병 환자에게서 자살의 위험을 높이는 인자들은 다음과 같다.

- 질병에 의해 결핍이 생긴 것에 대한 병식

- 자해/폭력적인 명령환각

- 항정신병 약물에 의한 좌불안석

- 항정신병 약물에 의한 초조

- 우울증상

- 희망이 없다는 느낌

- 사회적 스트레스(다양한 재정적 곤란)

- 최근의 퇴원

- 사회적 고립

- 남자

- 45세 이하

인격장애

많은 연구에 따르면 인격장애가 있는 경우, 특히 경계성이나 반사회성 인격장애의 경우에 5% 정도의 자살률을 보인다. 이러한 장애가 있는 경우 평생 자살률은 3~9%다. 이 환자집단에서 자해를 하거나 자살 시도를 할 확률이 높다. 또한 급작스러운 정신사회적 스트레스나 위기의 발생은 자살 위험성을 높인다.

표 2-4 정신과적 병력과 관계있는 위험요소 요약

자살 위험을 증가시키는 정신과적 장애	높은 위험도	낮은 위험도
주요우울장애 양극성장애 (우울 혹은 혼합삽화) 약물남용장애 불안장애 조현병 인격장애 (특히 경계성 인격장애)	무망감 심한 우울 급성 정신병적 증상 약물남용 낮은 순응도 잘 조절되지 않는 증상	정신병적 급성삽화 없음 치료된 정신병 지지적 환경 치료에 순응 가벼운 약물중독

정신과적 증상

정신질환의 범주에 속하는 인지적, 감정적, 행동적 증상들은 독립적으로 자살 위험의 증가와 관련이 있다.

자살 위험의 증가와 연관된 인지적 증상

• 자살 사고

• 무망감

• 낮은 자존감

• 인지적, 사회적 기술 결손─미숙한 대처능력과 문제 해결 기술, 융통성 없는 사고, 인지된 왜곡

• 정신증상─특히 자해나 안전에 관한 명령환각

• 중독

자살 위험성 증가와 연관된 감정적 증상

- 우울한 기분
- 조절되지 않고 몹시 격렬하며 참을 수 없는 감정적 상황
  - 분노
  - 불쾌감
  - 죄책감
  - 불안
  - 긴장
  - 공황 상태
  - 두려움
  - 외로움
  - 수치심
  - 굴욕
- 심각한 무쾌감증―기쁨을 느끼는 능력의 상실

자살 위험성 증가와 연관된 행동적 증상

- 행동의 활성화 ―불안, 동요, 불면증
- 심각한 불면증
- 충동성
- 빈약한 자제력
- 통제되지 않는 공격 행동
- 좌불안석증―실질적이고 주관적인 불안, 종종 약물치료 부작용이 그 원인임

• 알코올과 약물오용

표 2-5 자살 위험 증가와 연관된 정신병적 증상 요약

자살 위험 증가와 연관된 정신병적 증상	높은 위험성	낮은 위험성
인지적 증상	무망감 자존감 하락 인지적 기술 부족 명령환각 중독	긍정적 자존감 인지적 유연성 좋은 대처전략과 문제 해결 기술 미래지향적 관점 낙관주의 종교에 독실함
감정적 증상	기분하락 심각한 무쾌감증 심각한 불안/공황발작 격렬하고, 잘 참지 못하는 감정적 상태	감정을 관리하는 능력과 부정적인 감정적 상태를 참아 내는 능력
행동적 증상	행동 활성화 심각한 불면증 충동성 공격성 좌불안석증 알코올과 약물오용	자기 위로 능력 좋은 자제력

의학적 병력

최근에 생명을 위협하는 질환이나 악화되는 만성 질환 또는 그들의 사회문화적 맥락에서 심한 굴욕과 수치심을 안겨 주는 질환을 진

단받은 환자들은 자살의 위험이 높아지며, 특히 진단에 대한 환자의 반응이 심각하고 그 환자의 사회적 지지가 부족하다면 그 위험은 더욱 높아진다.

육체의 고통은 자살의 위험을 높일 수 있으며, 특히 기능장애, 인지장애, 통증, 손상, 타인에 대한 의존의 증가, 시력과 청력이 감소하는 경우 더욱 그러하다. 간질이나 다발성 신경경화증, 헌팅턴 병, 뇌나 척수의 손상 등과 같이 신경학적인 장애는 특히 자살에 높은 위험성을 보인다.

높은 자살 위험성과 연관된 신체적 장애는 다음과 같다.

- 인간 면역 결핍 바이러스(HIV)/후천성 면역 결핍 증후군(AIDS)
- 악성 종양
- 소화성 궤양
- 전신홍반성낭창
- 투석이 필요한 만성 신부전
- 심장 질환
- 만성 폐쇄성 폐 질환
- 전립선 질환

신체적인 질환과 연관된 자살 또는 자살 시도의 위험성은 환자의 성격, 대처방식, 사회적 지지, 정신사회적인 스트레스, 자살을 시도한 과거력, 신체적 질환의 의미나 결과뿐만 아니라 정신적인 질환(특히 우울증) 또는 정신병적인 증상(예: 무망감)이 존재하는지 여부도 매우 중요하다. 환자에게 질환의 경과와 의미는 위험성 평가에 중요한 고려 사항이다.

의학적으로 심각한 질환이 있는 환자에게서 우울증의 비율은 증가하지만, 우울증이 만성적이거나 생명을 위협하는 질환의 결과라고 단정할 수는 없다. (만성질환이나 생명을 위협하는 질환을 가진 환자들은 우울하거나 낙담한 감정을 느끼지만, 사람들 대부분이 우울증으로 발전하지는 않는다.) 이러한 환자들에게서 우울증상이 나타났을 때 적절히 치료해야 하며, 자살에 대한 생각이나 의도, 계획이 있는지 파악해야 한다. 신체질환이 있는 경우 우울증상과 자살 사고는 잘 감지되지 않고, 충분히 치료되지 않는 경향이 있다.

자살 위험성 증가와 연관된 의학적인 병력의 특징은 다음과 같다.

- 최근에 생명을 위협하는 질환의 진단
- 만성질환
- 신경학적인 장애
- 다음 증상과 관련된 질환
  - 심각한 불면증
  - 지속적이고 만성적인 통증
  - 기능장애
  - 인지장애
  - 시력과 청력의 상실
  - 외모의 손상
  - 인지된 부담감

- 예후에 대한 무망감

- 정신질환의 존재

- 정신병적 증상의 존재

- 수치심과 굴욕

HIV/AIDS 환자에게서 자살 성향의 증가는 다음과 관련될 수 있다.

- HIV 치매의 존재(종종 불안정한 정동, 행동조절장애, 판단력 결핍, 충동성으로 특징지어짐)
- 정신질환의 존재
- 물질남용
- 이전의 자살 시도
- 우울증상
- 다양한 신체증상
- 외로움
- 지지가 필요한 상태
- 젊은 나이
- 현재의 스트레스 요인들(무직, 사별 등)
- 무망감
- 내향적 성향

표 2-6 내과적 병력 위험요인 요약

위험성 증가와 연관된 내과적 질환	고위험	저위험
치명적인 질환의 최근 진단 만성질환 신경학적 질환들	심한 불면 조절되지 않는, 만성 통증 인지 저하 시력이나 청력의 상실 지각되는 부담들 외모의 손상 예후에 대한 절망감 정신질환의 존재 정신증상의 존재 수치심과 모욕감	질환의 호전 신체적 건강 수용 단계 안정된 사회적 지지

가족력

가족력 중 다수의 요인이 자살 행동과 성공의 위험성에 영향을 미친다. 가족 내 자살의 가족력(특히 일차 친족에서)과 정신질환의 가족력 모두 자살 위험성을 증가시킨다. 또한 가정 폭력, 학대나 방임 역시 높은 자살 위험성과 관련된다.

질문: 유전적 혹은 생물학적인 측면은 어떻게 영향을 미치나?

답변: 유전적인 요인들이 영향을 미친다. 일란성 쌍둥이는 이란성 쌍둥이보다 (성별과 무관하게) 자살의 시도나 성공 모두에서 의미

있게 높은 비율을 보인다. 생물학적 부모의 가정에서 양육된 아이들과 각각 다른 곳에 입양되어 양육된 아이들의 비교연구에서 각기 다른 곳에서 자란 아이들의 자살률이 생물학적 가족들과 일치하는 것으로 나타났다.

다양한 생물학적 요인이 자살과 연관되어 있다. 예를 들어, 신경생물학적 연구에서 성인 자살자들의 뇌척수액에서 세로토닌 대사물질의 감소(5-hydroxyindoleacetic acid)가 나타났다. 세로토닌은 감정과 인지의 조절에 영향을 미치는 뇌의 신경전달 물질이다. 뇌의 세로토닌 기능 이상은 여러 정신질환에서 나타나며 특히 우울증에서 두드러진다. 뇌의 세로토닌 수용체 2A(5-HT2A) 수의 증가와 세로토닌 체계의 유전적 이상(세로토닌 2 수용체 유전자의 다형성)이 밝혀졌다. 자살하지 않은 우울증 환자에게서 보이는 세로토닌 이상과는 독립적인 것으로 보인다. 다른 연구들에서도 시상하부-뇌하수체-부신 축의 변형과 apomorphine에 대한 성장 호르몬 반응의 변화를 나타내는 사람들에게서 높은 자살 위험성이 나타났다. 추가로, neurotrophin(뇌의 시냅스 가소성과 신경세포의 유지 및 성장에 중요한 분자)에 대한 연구는 자살을 성공한 사람들의 경우 특정한 뇌의 영역(해마, 전전두피질)에서 brain-derived neuro-trophic factor(BDNF), neurotrophin 3(NT-3) 그리고 신경성장인자(NGF)와 같은 물질의 이상도 나타났다. 사후에 부검한 뇌 조직의 유전자 발현에 대한 연구는 자살을 실행하는 사람들의 경우 우울증상이 조절되고 있을 때조차 생물학적인 변화를 나타내는 것으로 보인다.

결론적으로, 이러한 연구들은 우울증과 자살에서 신경전달 물질이 관여하며, 자살을 실행한 사람들은 추가적으로 위험성을 증가시키는 내재적인 유전적 취약성을 가지고 있음을 시사하고 있다.

표 2-7 가족력 위험요인의 요약

위험성 증가와 연관된 가족력	고위험	저위험
자살	일차 친족의 자살	가족력 없음
정신질환	일차 친족의 정신질환	가족력 없음

개인력

환자의 개인력은 출생 후부터 사회문화적, 정치적, 경제적인 환경과 상황에서 개인의 정서적, 생리적 그리고 신체적 성장과 발달을 포함한다. 또한 개인의 학교, 직장 그리고 사회 적응과 기능 및 현재와 과거의 중요한 생활 사건들에 대한 이해와 정신사회적 스트레스 요인에 대한 이해를 말한다.

초기의 부정적인 환경적 요인들, 예를 들어 가난한 형편과 외상에의 조기 노출, 학대와 방임 등은 자살 위험성의 증가와 연관된다. 자살률은 아동기에 성적 혹은 신체적 학대가 있던 사람들에게서 최소 10배 이상 증가한다. 빈곤한 지역에 살거나, 교육 수준이 낮거나, 재정적 혹은 법적 문제들 그리고 직장이 없는 사람들 또한 높은 자살 위험성을 나타낸다.

빈곤한 지역에 사는 사람들은 적절한 보건 서비스, 교육, 구직 기회 그리고 사회적 서비스와 지지에 대한 접근이 어렵다. 일부에서, 무직 상태는 자살의 위험을 증가시킬 수 있는 다른 수많은 요인과 관련된다. 예를 들어, 직업의 상실은 재정과 가정의 불안정, 주거의 상실 그리고 대인관계, 결혼 그리고 정서적 스트레스와 현저하게 관련될 수 있다. 또한 무직, 실직 혹은 취업 및 직업 유지의 실패는 결과적으로 신체적 혹은 정신적 질환, 알코올 혹은 물질사용 문제, 직장 혹은 다른 사람들과 일하는 것을 방해하는 비적응적인 성격, 낙인, 차별과 연관된 정신사회적 상황, 학업 혹은 직업적 훈련의 결여 그리고 가정 폭력 혹은 학대 등과 연관될 수 있는 재능과 역량의 상실 등 다른 문제를 포함할 수 있다. 그러므로 무직과 자살 사이의 관계는 상호적인 것이다.

낮은 사회경제적 상태, 가난과 경제적 안전성의 상실은 특히 동양에서 자살의 현저한 근위적 요인으로 정의되어 왔다. 인도 농촌에서의 자살 사례는 경제 및 정치적인 요인들이 사회와 가정에 떠넘긴 엄청난 부담을 설명할 수 있다. 2009년에만 인도 농업 지역의 한 지역에서 1,500명의 농부가 부채에 떠밀려 자살을 감행했다.

질문: 직업의 유형이 자살 위험에 영향을 미칠 수 있나?

답변: 의료종사자, 특히 내과 의사와 치과 의사들은 다른 전문가 군에 비해 높은 자살 위험을 갖는 것으로 나타난다. 이에 대한 이유는 알려져 있지 않다.

사회적, 감정적 지지의 존재 여부는 자살 위험성의 평가에서 중요한 부분을 차지한다.

안정된 사회적 지지 체계가 있을 경우 자살 위험성이 감소하는 반면 지지 체계의 부재, 독거나 사회적 고립은 자살의 위험도를 현저히 증가시킬 수 있다.

관계의 본질을 고려해야겠지만, 결혼했거나 혹은 장기간 맺어진 안정된 관계가 있을 경우는 자살의 예방적 요소가 될 수 있다. 반면, 역기능적 혹은 갈등적 관계를 갖는 개인들은 높은 자살 위험도를 가질 가능성이 크다. 성별과 자살 위험성에 관한 이전의 논의처럼 가정 폭력과 학대는 자살 위험성의 증가와 연관된다. 최근에 배우자로부터 가정 폭력을 경험한 개인은 자살 시도의 위험성이 4~8배까지 증가한다. 하지만, 독신 성인의 자살률은 기혼자들에 비해 두 배 이상이며, 이혼했거나, 별거중이거나 사별한 사람들에게서는 기혼자보다 4~5배나 높다. 그러나 이들의 연관성을 단정 짓기는 어렵다. 자살에 덜 취약한 사람들이 장기간의 친밀한 관계를 맺고 유지하는 것이 가능한가? 아니면 장기간의 친밀한 관계가 자살의 위험성을 낮추는 것인가? 아니면 둘 다인가?

전통적인 가치, 문화 그리고 가족 체계에 강하게 소속되어 있는 사람에게, 자살 위험성은 문화, 종교, 사회 그리고 가족 내 역동적 요인에 강력한 영향을 받는다. 동양의 자료는 제한적이나, 최근 자살 위험성의 근위 위험요인을 밝히는 연구들이 빠르게 진행되고 있다. 결혼 문제, 재정적 문제, 친인척들과의 갈등, 강요된 결혼, 원치 않는 임신, 감정적·신체적 혹은 성적 학대, 가족의 알코올남용 그리고 다른 가족 내 문제들을 포함한 가정의 문제들은 중국, 스리랑카, 파키스탄 그리고 인도 여성들에게서 자살 시도의 강력한 유발요인으로 규명되고 있다. 이러한 맥락에서의 자살은 대부분 충동적이며 진단 가능한 정신질환과는 무관하다.

종종 자살로 인한 사망과 연관된 유발인자(스트레스 요인 혹은 예측되는 사건)가 존재한다. 이러한 유발인자는 근위 및 원위 위험요인들에 걸쳐 있고 이는 개인의 삶의 맥락에서 이해되어야 한다. 대인관계의 상실은 자살과 자살 행동들과 흔히 관련되는 근위 유발인자다. 실제적인 상실은 사랑하는 이의 죽음이나 관계의 단절에 대한 두려움일 수 있다. 다른 근위 유발인자들은 대인관계 갈등, 거절, 직업의 상실, 경제적 문제, 법적 문제와 퇴거 등을 포함한다. 앞서 언급한 것처럼, 기능적 장애, 인지장애, 우울, 통증, 손상, 독립의 상실과 시력이나 청력의 손상 같은 신경학적 결함과 연관되는 신체질환들 역시 근위 유발인자가 될 수 있다. 높은 자살 위험성과 가장 밀접하게 연관되는 내과적 질환들은 암, HIV/AIDS 그리고 신경학적 질환 등이다.

'자살'에의 노출(직접적으로는 가까운 친구 혹은 가족의 자살로 인한 상실, 간접적으로는 대중매체를 통한) 역시 자살 위험성을 증가시킨다. 언론에서의 자살 및 자살 행동에 대한 보도나 묘사는 일반 인구에서의 자살과 자해에 영향을 줄 수 있다. 화제가 되거나, 혹은 선정적인 제목과 사진을 포함하고 있거나, 자살의 방법을 자세하게 묘사하는 경우, 게다가 당사자가 유명인이라면 자살을 보도하는 신문의 영향력은 상당히 크다. 자살에 대한 광범위한 보도에 따른 '모방' 자살의 예는 수없이 많다. 자살보도에 대한 지침이 개발된다는 것 자체가 자살에 관한 언론의 영향력이 얼마나 큰지를 보여 준다. 그러나 지역사회나 가정 내에서 언론의 자살에 대한 보도의 영향은 사회적, 문화적 태도와 믿음 그리고 자살로 인한 죽음에 부여되는 의미에 의해 강하게 영향을 받는다. 친족이나 지역사회는 우연히, 공공연하게 혹은 은밀하게 자살을 수치심과 모욕감, 신체질환, 결혼의 실패, 사회적 지위의 상실, 사별 혹은 다른 정신사회적 위기에 맞서는 해결책이라고 말하며 면죄부를 줄 수 있다. '로미오와 줄리엣' 같은 자살의 낭만적인 묘사가 하나의 예다.

또 다른 예는 종교적인 헌신, 국가주의, 정치적 신념의 선언으로서 실행되는 죽음, 희생의 행위로 행해지는 자살에 대한 찬미다. 뉴스, TV, 영화, 인터넷, 혹은 가족 구성원 또는 친구의 자살을 통한 개인적인 경험으로써 자살에 대한 반복적인 노출은 습관화의 과정을 통해 자살 위험성을 높일 수 있다. 시간의 경과에 따라 '자살'에 반복적인 노출은 자살에 대한 더욱 관대한 태도와 자살 행동에 대한 공포의 감소 그리고 위기 혹은 고통에 대한 정상적인 반응으로서 자살을 수용하는 태도로 변화할 수 있다.

질문: 친밀한 배우자에 대한 성적 기호 혹은 성향이 자살 위험성에 영향을 주는가?

답변: 이 질문에 답이 될 수 있는 적절한 연구는 아직 부족하다. 그러나 동성애, 양성애 그리고 트랜스젠더들은 우울, 물질남용, 사회적 소외, 주거의 부재, 성적 위험에 노출, 성병, 빈약한 건강, 학업의 중단을 포함하는 많은 수의 육체적, 정신적인 건강 및 사회적인 문제들로 인해 높은 자살 위험성을 갖는다. 다양한 집단을 포함한 연구에서 동성애 혹은 양성애자들(특히 게이와 레즈비언인 청소년)은 자살에 대한 위험도가 높은 것으로 나타났다. 하지만 자살의 성공률이 일반 인구보다 높다는 증거는 없다.

자살 위험요인들은 게이와 레즈비언에 대한 문화적 태도, 낙인과 차별, 친구와 가족에게 성적 선호를 드러내는 것과 관련한 스트레스, 성 불일치 그리고 동성애자들에 대한 공격성 등을 포함하고 있다. 동성애에 관한 문제들과 함께 임상적으로 우울증상을 나타내는 청소년들은 자살 시도 혹은 자살로 인한 죽음에 대한 위험성이 높다.

표 2-8 정신사회적 위험요인

자살 위험성을 높이는 정신사회적 위험요인	고위험	저위험
사회적 지지의 결핍	이혼 혹은 사별	기혼
무직	무직	취직
사회경제적 상태의 저하	대인관계의 갈등	안정적 대인관계
가족 갈등	낮은 개인적 성취	가정 내 자녀의 존재
가정 폭력	사회적 고립	좋은 성취도
최근의 스트레스 생활사건	대인관계의 빈곤	긍정적인 사회적 지지
아동기 성적/신체적 학대	가정 폭력	긍정적인 치료적 관계
	성적 학대	학대의 부재
	신체적 학대	가족의 지지

성 격

한 개인의 '삶의 관점'과 그들이 환경과 상호작용하고 관계하는 방식은 다양한 상황에 대한 반응에 영향을 미치는 중요한 요인이다. '자살을 원하는' 성격은 없지만, 환자의 개인적 성격과 감정적이고 심리적인 고통을 인내하는 능력, 문제 해결 능력, 과거의 스트레스에 대한 반응, 위기가 있을 때 내적/외적인 자원을 활용하는 능력은 자살 위험성을 감소 혹은 증가시킬 수 있는 요인이다. 충동적이고, 변화할 수 없다고 느끼며(빈약한 자기 효용감) 대안적 해결책을 찾거나 문제를 해결하는 데 어려움을 갖고 있는 사람 또는 삶의 다양성과 맞서는 건강한 해결전략이 결여된 사람들은 높은 자살 위험성을 갖는다. 건강하게 적절히 형성된 대처기술은 스트레스 사건을 완충하고, 위기 사건 동안 내적/외적인 자원에 대한 접근을 가능하게 한다.

자살 위험성은 적대적이고, 무력하고, 의존적이고, 경직된 성격 경향과 관련된다. 경직된 흑백논리적 사고를 가진 개인에게서 높은 자살 위험성이 나타난다. 이들은 종종 스트레스 상황에서 문제를 해결하는 데 어려움을 느낀다. 자살에 대해 양가적이라 할지라도, 다른 대체 전략을 찾기가 불가능하기 때문에 자살을 유일한 선택이라고 생각할 수 있다. 과도하게 높은 개인적 기대를 가진 완벽주의적인 사람은 실패나 모욕을 경험할 때 높은 자살 위험성을 가질 수 있다. 지속적인 절망감 혹은 치명적이거나 비관적인 삶에 대한 태도를 갖는 사람들도 마찬가지다.

표 2-9 성격 위험요인 요약

자살 위험성 증가와 관련된 성격적 특징	고위험	저위험
인지, 사회 기술의 결핍 비관주의 무망감 완벽주의 경직되거나, 　흑백논리 사고	빈약한 대처기술 빈약한 문제 해결 기술 통찰력 결여 경직된 사고 스트레스에 대한 낮은 내성 빈약한 자기조절 빈약한 감정조절	통찰력 가족에 대한 책임감 좋은 현실 검증력 긍정적 대처기술 긍정적 문제 해결 기술 융통성 감정/정동을 조절하는 능력

이러한 위험요인을 알게 된다면, 모든 환자의 자살을 예방할 수 있나

　안타깝게도, 대답은 '아니요'다. 자살 혹은 자살 행동을 일관성 있게 예측할 수 있는 특정한 위험요인은 규명되어 있지 않다. '자살 위험요인'의 확인만으로 어떤 사람이 정말로 자살로 사망할지, 혹은 언제 자살할지를 정확하게 예측할 수는 없다. 따라서 자살 위험성 요인을 바탕으로 한 자살 평가 척도는 자살 위험성의 평가에 임상적으로 유용한 도움이 될지라도, 그 자체로 자살을 감행하는 사람들을 예측하는 데 충분하지는 않다. 그러나 임상가들이 전체적인 위험성을 평가하는 일이 얼마나 중요한지에 대해 인식하게 되고 예방적 중재가 즉시 필요한 사람들을 구할 수 있도록 도울 수는 있다. 그러므로 자살 위험성 평가(Tool for Assessement of Suicide Risk: TASR, 제4장과 부록 참조) 같은 척도는 환자들의 임상적 평가에 유용한 도구가 될 수 있다. 추가로, 위험의 '부담'을 정의하기 위해 확인한 위험요인들은 최근 사건들을 이해하는 데 유용하다. 미래를 정확하게 예측하는 것은 어렵고, 먼 미래를 예측하는 것은 아마도 불가능한 일일 것이다.

어떤 일들을 할 수 있나

자살 행동을 했거나 자살 사고를 경험하는 대부분의 환자는 자살로 사망하지 않는다. 대부분의 환자가 죽음보다는 삶을 선택한다는 것을 유념해야 한다.

서두에서 논의된 것처럼, 자살은 복잡하고 기저의 수많은 요인에 의해 영향을 받는다. 이 요인들 중 몇몇은 적절한 중재에 반응할 것이다. 특히 정신질환으로부터 고통받는 사람들이 해당된다. 의료종사자들은 각각의 환자가 현재 상태에 대한 주의, 개인적 강점과 약점, 개인력과 정신사회적 상황에 대한 철저한 임상적 평가를 받도록 해야 한다. 이러한 정보는 환자의 자살 위험성을 평가하는 데 쓰일 수 있다. 일차적 목표는 자살 위험성을 감소시키는 것이고 이어서 자살로 인한 죽음의 가능성을 감소시킬 수 있을 것이다. 그 예로 내재된 정신질환의 진단과 치료는 개인의 자살 위험성을 현저하게 감소시킬 수 있다.

표 2-10 자살 위험성 요인 정리

위험도 평가 영역	고위험	저위험
연령		
노인 청소년 성인	노인 15~35세	사춘기 이전
성별		
남성, 여성 여성	남성 친밀한 배우자의 학대 가정 폭력과 학대 산후우울증 산후정신증 경직된 역할 기대 성별 불평등	여성 임신 가정 내 어린 자녀 가족에 대한 강한 책임감
자살 경향		
자살 사고	지속적 강렬함 조절 불가능 급성 오랫동안 유지된	일시적 낮은 강도 조절 가능

(계속)

자살 의도	죽고자 하는 강한 욕구 행동화할 강한 가능성 죽음에의 기대	강한 양가감정 행동화할 낮은 가능성
자살 계획	계획적인 잘 짜인 계획 치명적인 방법 선택한 방법에 대한 접근성 용이	계획 없음 치명성이 낮은 방법 자살 방법에 대한 접근성이 낮음
방법의 치명성	무기 목을 맴 추락 농약 복용	과다복용

과거 자살 행동

발견된 자살 시도 발견되지 않은 자살 시도 실패한 자살 시도 자해	최근의 시도 수차례 자살 시도	첫 번째 시도
과거 자살 행동의 맥락 과거 자살 행동의 결과 과거 자살 행동의 의도 과거 자살 행동의 계획 과거 자살 행동의 방법 과거 자살 시도에 대한 느낌	발견 확률이 낮음 심각하게 부정적인 결과 죽고자 하는 의도가 강함 계획적이고 잘 짜임 매우 치명적인 방법을 사용 생존에 대한 후회	구조될 확률이 높음 죽고자 하는 의도가 약함 치명성이 낮은 방법을 사용 생존에 대한 감사 자살 시도에 대한 후회 높은 양가감정

정신질환

| 주요우울장애

양극성장애

물질사용장애
불안장애
조현병 | 무망감
심각한 우울증상
양극성장애의 우울삽화
양극성장애의 혼합삽화

급성 정신증 | 완화 혹은 회복
급성기 증상이 없음
정신질환이 치료됨
지지적인 환경
치료에 대한 순응이 좋음 |

(계속)

인격장애	약물중독 불순응 조절되지 않는 증상 경계성 인격장애	가벼운 약물중독

정신의학적 증상

인지증상	무망감 낮은 자존감 인지력 결여 빈약한 현실 검증력 명령환각 중독	명확한 현실 검증력 대처전략 및 문제 해결 능력 감정 조절 능력과 부정적인 감정에 대한 인내력 미래 지향적 영성
정동증상	우울한 기분 심한 무쾌감증 심한 불안, 공포, 공황발작 심한 노여움 심한 수치심과 창피 심한 외로움	가벼운 정동증상 안정적 인내심
행동증상	활성화 충동성 공격성 좌불안석증 알코올 및 약물오남용	현실 감각 자제력 가벼운 약물 사용

신체질환

최근 심각한 질환을
  진단 받은 경우
만성질환
신경학적 이상
	심한 불면증
	조절되지 않는 만성 통증
	기능장애
	인지장애
	시력 및 청각장애
	외모의 손상
	부담감
	무망감
	정신과적 질환과 동반
	정신과적 증상과 동반
	수치심과 창피함
		질병의 호전
		신체적으로 건강함을
		  느낌
		좋은 적응력
		받아들이는 능력
		사회적 지지

(계속)

가족력		
자살 정신장애	자살의 가족력 정신장애의 가족력	가족의 자살 없음 가족의 정신장애 없음

개인력		
사회적 고립 빈약한 사회적 관계 가정불화 생활 스트레스 의미 있는 사람의 죽음 최근 힘든 삶의 사건	독신 빈약한 사회적 지지 이혼 또는 사별 빈약한 사회적 관계 대립적/불안정한 대인관계 가정 폭력 및 학대	기혼 강력한 사회적 지지 안정적인 사회적 관계 지지적인 가족 가정에 자녀 존재 학대 경험 없음
유년기 신체/성적 학대	법적 문제 경제적 문제 실직 지위 상실 관계 상실 가족의 사망 질병 기능의 상실/장애 낮은 성취감	취업 상태 높은 성취감

인격		
인지 및 사회성 기술 　결여 비관주의 무망감 완벽주의 경직된 사고 및 흑백 　논리	대처기술 능력 결여 문제 해결 능력 결여 통찰력 결여 경직된 사고 낮은 스트레스 역치 빈약한 자기조절 감정 조절의 어려움	통찰력 가족에 대한 책임감 뛰어난 현실 검증 능력 좋은 대처기술 능력 뛰어난 문제 해결 능력 융통성 훌륭한 감정조절 능력

제 3장

자살 위험성의 평가

자살 위험성의 평가

서 론

자살 위험성 평가의 목표는 자살의 위험요인과 방어요인을 이해하고 밝혀내어 환자의 자살 위험 정도를 평가하고, 자살 시도자의 즉각적인 안전 확보 및 단기, 중기, 장기적인 중재를 위한 임상적인 결정과정을 돕기 위함이다.

질문: 어떤 사람이 평가의 대상이 되는가?

답변: 앞서 논의된 몇몇의 위험요인은 어떤 사람이 자살할 것인지 아닌지를 밝히는 데는 그 유용성이 제한적이지만, 어떤 사람이 평가의 대상이 되어야 하는가를 결정할 때는 유용하다. 개개인의 위험요인이 자살 행위의 근위 혹은 원위적인 시발점이 될 수 있고 위험요인이 없더라도 필연적으로 위험이 증가하거나 감소할 수 있음

을 기억해야 한다. 위험요인을 평가하는 데 있어 위험요인의 개수보다는 특정 위험요소들의 중요성이나 그들의 조합이 더 고려되어야 하며 위험요인의 타당성은 정신사회적·문화적 맥락과 개인의 삶의 경험 안에서 종합적으로 이해되어야 한다.

우울증상, 자살 및 자해 시도, 자살 사고나 절망을 표현하는 환자들은 가능한 빠른 시간 안에 반드시 평가되어야 한다. 손목을 긋거나 불을 지르는 등의 자기 파괴적인 행위를 하는 환자들 또한 반드시 평가되어야 하는데 그러한 행동들이 자살 사고의 근원적인 부분들을 설명하거나 정신질환의 기본적인 표현일 수 있기 때문이다. 위기에 처하거나 최근에 정신적인 외상 혹은 상실을 경험한 환자들도 자살 위험성을 평가받아야 한다. 환자의 관점에서 경험을 이해하려고 노력하는 것은 매우 중요하며 비슷한 사건에 대한 주관적인 경험은 매우 다양하게 표현될 수 있음을 고려해야 한다. 예를 들어, 죽음에 대한 경험은 상대적이어서 어떤 사람에게는 엄청나게 충격적이지만 사람들 중 일부는 쉽게 수용할 수도 있다. 또한 예상되거나 인지된 상실은 실제의 상실만큼이나 스트레스일 수 있다. 예를 들어, 관계 상실의 두려움은 관계 단절의 경험만큼이나 개인을 압도하는 일이라고 할 수 있다. 이와 마찬가지로 어떤 일이 어떻게 모욕이나 수치로 여겨지는가는 개인적, 사회적, 문화적 요소들의 반영이라고 할 수 있다. 그들의 가족, 문화, 사회적 맥락을 고려하여 개인의 경험을 이해하는 것은 자살 위험성을 평가하는 데 있어 중요한 통찰력을 제공한다.

생명에 지장을 주거나 진행하는 만성 질환 또는 심각한 수치심과 창피함을 주는 질환, 지속적인 만성통증, 기능상실을 동반한 질환, 가족들에게 짐이 될 수 있는 질환들을 최근에 진단받은 환자는 주기적으로 자살 위험성을 평가받아야 하며 특히 질환이 악화되는 시기에 더욱 철저한 평가가 요구된다. 또한 질환의 예후에 관하여 절망감을 표현하고 내과적 질환이나 정신과적 증상을 동반한 과거력이 있는 환자들도 자살 위험성을 주기적으로 평가받아야 한다.
정신과적 질환을 가진 환자는 그들의 임상적 상태와 무관하게 반드시 주기적으로 자살 위험성을 평가받아야 한다.

질문: 정신장애로 고통받는 환자인 경우에는 언제 자살 경향성이 평가되어야 하나?

답변: 질환의 경과 중에는 자살 위험성이 높고 치료자의 높은 관심과 주의가 필요한 특정 시점이 있다. 따라서 정신질환을 갖고 있는 경우 자살 위험성은 반드시 평가되어야만 한다.

- 처음 발병한 정신질환 환자
- 환자들이 극심한 스트레스를 받고 있거나 위기상황일 때
- 환자의 관찰 상태나 치료 환경의 변화가 예정되어 있을 때. 예를 들어, 입원 환자는 퇴원에 앞서, 환자의 병원 내 환경의 변화(일대일 관찰의 중단, 환자가 병원 밖으로 외출하는 것의 중

단)에 앞서, 또는 응급실에서 환자의 퇴원에 앞서 평가

- 임상적인 표현에 있어서 갑작스런 변화가 있을 때. 갑작스런 보상의 상실이나 증상의 악화를 경험하는 환자들은 자살 위험성이 평가되어야만 한다. 갑작스럽게 기대하지 않았던 증상이 개선된 환자들 또한 마찬가지다. 특히 우울증으로 고통받는 환자들은 그들의 삶을 끝내려는 결정을 한 후에 안도감과 즐거움을 느낄 수도 있다. 죽음은 끝이 없는 고통과 완화되지 않는 통증으로부터의 자유로운 탈출일 수 있다. 어떤 사람들에게는 자살로 죽음을 택하려는 결심은 그들 삶의 균형을 되찾고 질병의 부담을 던다는 의미일 수 있다. 또한 죽음은 사랑하는 사람과 재회할 수 있는 방법이거나 더 좋은 삶으로의 재탄생 또는 유토피아에 도달하는 방법으로 보일 수도 있다.
- 치료에도 불구하고 환자의 증상이 악화되거나 호전되지 않을 때

자살 위험성을 평가하는 방법 배우기

- 단계 1: 준비하기
- 단계 2: 자살 위험성의 경고 징후 파악
- 단계 3: 현재의 자살 경향성을 평가

- 단계 4: 과거의 자살 행동들을 평가
- 단계 5: 자살 위험요소, 방어요소를 평가
- 단계 6: 향후 발생할 일들을 파악
- 단계 7: 중재의 목표를 결정

단계 1: 준비하기

임상가들은 자살과 자해에 대한 자신의 느낌, 신념, 태도를 자각하고 자살 환자들이 감정적, 개인적 그리고 공적으로 자신에게 어떠한 영향을 미칠지 인지해야 한다. 자살 위험성이 있거나 자살을 시도하려는 환자를 상대하는 것은 노련한 임상가에게도 힘든 일이다. 임상가들은 자살 환자를 치료할 때 무기력함, 분노, 걱정, 실망, 양가감정, 슬픔, 능력부족 또는 거절과 같은 감정을 느낄 수 있다. 자살 환자 및 자살에 대한 치료자들의 느낌이나 반응은 임상가가 공공기관이나 응급실 혹은 어떤 장소에 있는지와 상관없이 자살 위험성을 객관적으로 평가하는 능력이나 치료적 선택에 영향을 미친다. 자살 위험성을 갖고 있는 환자를 치료하기 위한 준비 단계에서부터 환자의 감정을 효과적으로 조절할 수 있는 능력을 길러야 한다. 임상가 자신도 치료 도중 환자들이 자살할 수 있으며 최선의 노력을 다하더라도 모든 자살을 막을 수는 없다는 사실을 받아들여야 한다.

병원 밖이나 응급 상황에서 근무하는 의료인들은 자살 계획을 세우거나 자살을 시도하는 환자를 만났을 때 즉각적으로 대응하는 방법을 알아야 한다. 이것이 자살이 진행 중인 것이며 의학적으로 응급한 상황이다. 모든 의료인은 응급처치를 할 준비가 되어 있어야 하며 무엇을 해야 할지, 누구를 불러야 할지, 어디로 가야 할지 그리고 환자의 소생 가능성을 최대화하기 위해 어떻게 이동해야 할지 알아야 한다.

이러한 준비를 통해 의료인은 자살 환자에게 양질의 치료를 제공할 수 있다.

- 자살 환자에 대한 자신의 생각 및 감정을 자각하자.
- 모든 자살을 막을 수 없다는 사실을 인정하자.
- 자살 환자에 대한 해로운 감정적, 정신의학적, 행동적인 반응을 효과적으로 다룰 수 있는 전략을 세우자.
- 환자의 자살로 인한 죽음에 대해 감정적, 정신의학적, 개인적 그리고 전문적인 대응을 준비하자.
- 자살 위험성이 높은 환자를 치료하는 동료 의사와 함께 자살 환자를 어떻게 치료하고 관리하는지, 자살 환자가 죽었을 때 어떻게 대처하는지에 대해 상의하자.
- 도움이 필요한 상황이 왔을 때 당신이 이용할 수 있는 것들에 대해 인지하자.
- 자살 위험성을 평가하고 대처하는 자신의 능력에 대해 자신감을 갖자.
  - 급성 자살 위험의 경고 신호를 알자.
  - 자살 위험요소 및 방어요소를 알자.

- 당신이 속해 있는 문화권에 특이한 자살 위험요인에 대해 알자.
- 환자의 자살 경향성에 대해 질문하는 방법을 알자.
- 자살 위험성을 결정하는 방법을 알자.
- 자살 위험성을 관리하는 방법을 알자.
- 결정을 내리거나 사례 관리를 할 때 동료 의사와 상의하거나 도움을 요청하자.
- 당신의 관할에 있는 환자에게 가능한 도움이나 서비스에 대해 알고 있어야 하며 환자에게 어떻게 전달되는지 파악하자.
- 당신의 관할에 있는 병원의 입원, 동의, 비밀, 정보 제공에 관한 법률에 대해 알자.
- 자살이 진행 중일 때 즉각적으로 응급조치를 취할 수 있도록 준비하자.

자살 및 자살 행동에 대해 묻는 것, 자살 위험요소 및 동기에 대해 이해하려고 노력하는 것은 어렵고 까다롭다. 이러한 질문을 표준적, 전통적인 의학적 평가에 포함시키는 것이 익숙하지 않거나 평소에 행해지지 않았던 상황에서는 상당한 노력이 필요하다. 경청과 같이 환자와 치료적 관계를 형성하는 것은 어떤 의학적 평가에서나 첫 단계이지만 자살 경향성(자살 사고, 자살 계획이나 자살 시도)이 있는 환자에게서는 특히나 중요하다. 침착하고, 인내심 있고, 비판하지 않는 공감적 접근은 환자와 치료적 관계를 형성하는 데 도움이 될 것이다.

평가 중에 능동적으로 경청하기 위해서는 다음과 같은 행동이 필요하다.

- 편안한 자세를 유지하라.
  - 환자와 적정한 거리를 유지하라.
  - 환자 정면에 앉지 말고 약간 측면에 앉아라.
  - 몸의 긴장을 풀어라.
  - 몸을 앞으로 살짝 숙여라.
- 침착하게 경청하고 있음을 표현하며, 중립적인 표정을 유지하라.
- 흥미와 호기심 그리고 관심을 나타내는 눈 마주침을 하라.
  - 이것은 문화권에 따라 달라질 수 있으므로 당신의 상황에 따라 결정하라.
  - 눈 마주침을 피하지는 말되 노려봐서는 안 된다.
- 환자에게 지속적으로 집중하라.
- 환자를 북돋아 주기 위해 언어적, 비언어적 의사소통을 하라.
  - 고개 끄덕임과 같은 행동을 표현하라.
  - '좋아요.' '물론이죠.' '맞아요.' '네.'와 같은 단어
  - '알겠습니다.' '더 말해 주세요.' '계속하십시오.' '듣고 있습니다.'와 같은 표현

정중한 질문에 이어 공감적이고 비공격적인 표현으로 평가를 시작하는 것은 평가를 수월하게 진행하기 위한 좋은 방법이다.
다음은 이러한 토론이 어떻게 시작해야 하는지 알려 주는 예시다.
공감적 표현은 다음과 같다.

- 나는 당신이 최근에 얼마나 어려운 일을 겪고 있는지 알 수 있다.

- 이러한 일들은 당신에게 고난을 주고 대처하기에 어려운 것으로 보인다.
- 당신은 고난의 시간을 보내고 있다.

정중한 질문은 다음과 같다.

- 당신에게 어떻게 이런 일이 일어났는지 이해할 수 있도록 말씀해 주실 수 있나요?
- 당신의 걱정들을 저와 함께 나눌 수 있을까요?
- 무슨 일이 있었는지 저에게 말해 주실 수 있나요?
- 최근에 어떻게 지내셨나요?

단계 2: 자살 위험성에 대한 경고 징후를 파악하기

자살 경향성은 공공연히 나타날 수도, 은밀히 감추어질 수도 있음을 기억해야 한다. 드러나거나 혹은 드러나지 않은 경고 징후를 인지하는 것은 자살 위험성이 높은 환자를 신속하게 파악하고 평가하는 데에 필수적이다.

자살 경향성에 대한 경고 징후

자살 경향성(자살에 대한 생각, 의도, 계획)은 즉각적인 위험을 나타내며 철저하게 자살 위험성을 평가할 필요가 있다는 것을 의미한다.

자살 경향성에 대한 경고 신호는 자해 및 자살에 대한 위협, 죽음, 자살, 죽어가는 사람들에 대해 말하거나 글을 쓰는 것, 자해나 자살을 위한 도구를 찾는 것, 죽음에 대해 준비하는 것(유언장을 준비하는 것, 물건을 버리는 것, 사랑하는 사람에게 작별을 고하는 것) 등이 있다.

자살 위험성에 대한 즉각적이고 철저한 평가가 요구되는 부가적 경고 징후는 다음과 같다.

- 극심한 스트레스를 받고 있거나 강렬하고, 조절할 수 없는 감정 상태(절망, 부끄러움, 모욕감, 분노, 화남, 망신, 두려움)에 처한 환자
- 현재 개인적, 정신적 위기를 겪고 있거나 미래에 겪을 것으로 예상되는 환자
- 절망적인 감정을 느끼고 있거나, 그들의 문제에 압도되어 있거나, 살아갈 이유가 없다고 생각하는 환자

숨겨진 자살 경향성에 대한 경고신호

가끔씩 자살을 고려하는 사람이 의료인에게 접근해도 그들의 고통을 알아채는 방법을 모르는 경우가 있다(예: 한 젊은이가 특정한 신체적 부상이나 급성 신체 증상에 대한 호소 없이 응급실 방문, '우울해' 보이며 애매 모호한 증상으로 의료시설을 자주 찾는 중년, 배우자가 최근에 사망했으며 술을 '지나치게 많이' 마시는 노년 여성 등). 이러한 혹은 유사한 상황에 직면했을 때 숨겨진 자살 경향성의 가능성을 파악해 보아야 한다.

숨겨진 자살 경향성을 의심해 볼 수 있는 환자들은 심각한 사회적

고립, 강력한 음성적인 감정 상태(절망, 수치, 모욕감, 화남, 분노, 망신, 두려움), 정신증상, 비이성적인 사고, 자살 경향에 대한 질문에 대해 회피하거나 거부, 애매 모호한 대답을 한다. 절망감 또는 무가치감 등을 표현하는 유형 등이 있다. 무엇을 해야 하는가?

- 가능한 숨겨져 있는 자살 관념, 의도, 계획의 경고 징후를 찾는다.
  - 정신증의 증거가 있는가?
  - 환자와 개인적으로 치료적 관계를 형성할 수 없는가?
  - 자살 경향성에 대한 직접적인 질문에 환자가 대답하기를 주저하는가?
  - 자살 경향성에 대한 질문에 환자가 '몰라요.'라고 대답하는가?
  - 환자가 당신에게 숨겨진 자살 경향성을 의심할만한 비언어적 표현을 하는가?
    a. 환자가 낙담하거나 감정적으로 거리가 있어 보이는가?
    b. 환자가 화가 나거나 불안해 보이는가?
    c. 환자가 가만히 있지 못하는가?
    d. 환자가 눈 마주침을 피하는가?
- 환자가 자신의 증상과 맞지 않거나 드러난 것보다 더 심각한 것이 있음을 나타내는 언어적 표현을 하는가?
  - 나는 더 이상 하지 못하겠습니다.
  - 나는 해결하지 못하겠습니다.
  - 당신이 할 수 있는 것은 없습니다.

- 나는 괜찮아요.

- 상관없습니다.

• 환자의 병원기록 및 신체 검사에서 과거 자살 경향성에 대한 증거(예: 과거 자살 시도, 자살 시도에 대한 기록은 없으나 의심스러운 상해, 자해로 인한 상처)를 찾는다.

• 정보가 많지 않더라도 자살 위험성 평가를 완료한다.

• 현재 위험성이 높은 정신과적 증상을 평가하고, 환자에게 발생 가능한 정신질환이 존재하는지 주의 깊게 알아보아야 한다.

• 성향이나 개입에 대한 결정을 내릴 때는 매우 신중해야 한다. 만약 당신의 직감이 옳지 않다고 할 때는 무엇인가 잘못된 것이다.

단계 3: 현재의 자살 경향성을 평가하기

현재의 자살 경향성에 대한 평가는 다음과 같은 것들을 포함한다.

• **자살 경향의 원인** 자살 사고, 행동, 동작에 대한 급성 촉발 요인

• **자살 생각** 자살 생각의 최근의 빈도, 강도 그리고 기간

• **자살 의도** 죽음에 대한 최근의 기대 및 전념

• **자살 계획** 치명적인 방법, 가능성, 신념과 구조에 대한 가능성 그리고 준비

• **자살 동기** 개인적인 의미 및 죽고자 하는 욕구

• **자살의 보호요인** 삶의 이유 및 위험요소를 처리할 수 있는 내부

적인 강인함

불행하게도 자살을 시도하려는 사람들 중 일부는 직접적인 질문에도 불구하고 자살 사고, 동기, 계획을 치료자에게 표현하기를 주저한다. 또한 자신과 치료적 관계를 맺고 있지 않은 치료자들에게 자살 사고를 드러내지 않는다. 응급실에서 근무하는 치료자의 경우 자살의 위험을 자주 평가해야 하기 때문에 실제적인 자살 사고를 숨기는 것은 매우 중요한 문제다.

자살 사고, 동기 및 계획의 경험에 대해 '정상화시키는' 대화를 나누는 것이 이후에 치료자의 질문에 대해 환자가 편안하게 느끼게 할 수 있다. 일단 환자가 인터뷰 상황을 편안하게 느끼면 자살 사고나 계획을 치료자에게 더 잘 표현할 수 있게 된다.

'정상화시키는' 면담 초기의 대화

'당신이 힘든 시간을 보낸다는 것을 저는 알 수 있습니다. 가끔씩 사람들은 우리가 함께 이야기하려는 것과 같은 일들을 겪을 때 더 이상 나아갈 수 없다고 생각합니다. 힘든 시간을 겪었던 제 환자 중 일부도 자살에 대해 생각한 적이 있었다고 이야기합니다. 당신도 이러한 생각을 한 적이 있습니까?'

이때에는 구체적인 세부사항에 집중하기보다는 일반적인 질문으로 시작하는 것이 좋다. 환자들이 심각성이나 자살 경향성의 존재에 대해 최소화하려고 하기 때문에 치료자들은 자살 사고, 행동과 계획에 대해 특정한 질문을 하여 환자들이 증상에 대해 완벽하게 이해하고 설명할 수 있도록 해야 한다. 자살 사고, 동기 그리고 계획에 대한 세부사항을 이끌어 낼 때 역시 '정상화시키는' 것이 도움이 된다. '정상화시키는' 것은 자살 사고, 행동 또는 계획을 추정하는 것도 포함한다.

예시

피해야 할 질문: 자살하려는 계획을 세웠습니까?
질문: 자살에 관한 어떤 계획을 갖고 있습니까?

해서는 안 될 것들은 다음과 같다.

• 다음과 같이 환자를 몰아붙이거나 유도 심문하는 질문은 피해야 한다.

당신은 자살에 대한 어떠한 생각도 가지고 있지 않습니다. 그렇지 않습니까?
- 이러한 질문은 임상가가 비판적이고 무관심하다는 느낌을 전달한다. 아무리 환자가 위급한 자살 위험에 처해 있더라도, 솔직한 심정을 표현해야 하는 상황에서 환자는 충분한 안정감을 느낄 수 없다.

• 환자를 '심문하거나' 혹은 환자가 그의 행동에 대해 방어적인

태도를 취하도록 강요하지 않는다.

왜 당신은 그런 행동을 했습니까?

왜 심지어 자살을 고려하게 되었습니까?

당신에게는 어떤 문제가 있습니까?

당신의 삶에서 그토록 어려운 점은 무엇입니까?

• 환자의 고통을 축소하지 않는다.

당신은 괜찮아질 겁니다.

그렇게 대단한 일은 아니었습니다. 그렇지 않나요?

많은 사람이 비슷한 일들을 이겨 내고 잘 지냅니다.

왜 그 일로 그렇게 침울한가요?

• 자살 사고나 행동에 대한 심각성을 깎아내리지 말라.

이보세요. 당신은 실제로는 아무런 일도 하지 않을 겁니다.

정말로 죽기를 원했다면 이미 죽었을 것입니다.

밤에 푹 자고 나면 좀 나아질 겁니다.

받아들이세요. 당신은 괜찮아질 겁니다.

• 반응이 부정적일 것이라고 생각되어도 자살 경향성에 대해서 직접적으로 물어보는 것을 피하지 않는다.

- 환자에게 접근함에 있어서 섬세하고 비판단적이되 자살에 관해서 직접적인 질문을 회피하지 않는다. 묻지 않으면 알 수가 없다.

자살하는 것에 대해 생각해 본 적 있습니까?

환자가 죽음, 절망감, 자살 시도에 대한 생각을 갖고 있을 때 차분하고, 무비판적이고 공감적인 태도로 이러한 문제에 대해 말하는 것은 환자에게 상당한 안도감을 줄 수 있다. 개방적인 대화의 기회를 만드는 것 또한 새로운 대응 방법과 다른 선택을 발견하는 기회가 될 수 있다는 것을 유념하라.

부가적인 정보 얻기

환자들은 임상적인 상황에서 자살 경향성의 유무나 그 정도를 부인할 수 있다. 특히 급성기 치료 환경이나 그들이 알지 못하는 치료자를 만날 때면 더욱 그렇다. 그러므로 환자를 잘 알기 위해서는 지인으로부터 부가적인 정보를 얻는 것이 필수적이다. 가족 구성원, 친구, 보건 전문가, 선생, 동료 또는 종교인 등이 임상가에게 도움이 될 만한 평가 자료를 제공할 수 있다. 이들은 또한 환자의 위험에 대한 임상가의 판단에도 영향을 주는 필수적인 정보들을 제공할 수 있다. 자살로 사망하는 많은 사람이 자살 시도 전 6개월 이내에 다른 사람에게 자신의 자살 의도를 말한다는 것을 기억해야 한다. 정보 제공자는 최근 그리고 과거에 표현했던 자살 사고나 계획뿐만 아니라 환자의 정신사회적 병력, 현재의 생활환경, 정신과적, 내과적 병력, 과거 자해나 자살 시도, 가족 환경과 자살 또는 정신질환의 가족력, 성격의 강점과 취약성 그리고 스트레스를 받았을 때의 대처 방식이나 외부의 도움을 활용하는 능력에 대한 중요한 정보를 제공할 수 있다.

질문: 환자가 자살 경향성에 대한 질문에 직접적으로 대답하지 않거나, 환자가 위기에 처했음에도 부가적인 정보를 제공할 다른 사람이 없다면?

답변: 자살을 생각하는 사람들 중 일부는 자살 생각, 의도, 계획을 직접 드러내지 않을 것이다. 이와 같은 상황에서 부가적인 정보는 특히 중요하다. 부가적인 정보가 유용하지 않다면 임상가는 명백한 위험, 가능한 '경고 징후'와 주관적인 인상에 기초한 임상적 판단에 더 많이 의존해야만 할 것이다. 환자가 자살 경향성을 부인한다 하더라도 임상가는 숨겨진 자살 사고, 의도 또는 계획을 나타내는 언어적 혹은 비언어적 단서들을 찾아내야 한다.

① 자살 경향성의 유발요인을 확인

종종 자살 행동과 관련 있는 '유발요인(스트레스 요인 또는 촉발 사건)'이 존재한다.

비관적인 삶의 사건, 위기 또는 심리사회적 스트레스는 개인이 감당할 수 있는 능력을 넘어설 수 있다. 자살 시도에까지 이르게 한 환자의 삶(환경, 사건, 생각, 느낌, 행동들)의 사건들을 이해하는 것은 임

상가와 환자가 자살 사고, 느낌 그리고 행동을 이끌어 낸 '유발요인'
을 밝혀내는 데 도움이 될 수 있다.

유발요인의 예는 다음과 같다.

- 외상, 희생, 학대, 괴롭힘
- 사별
- 사회적 지지 또는 가치를 두었던/소망하던 애착대상(친구, 가족, 파트너)의 실제적/위협적인 또는 지각된 상실
- 정체성/의미/목적의 상실
- 독립성/자율성 또는 기능(건강 문제)의 상실
- 급성 정신과적 증상(정신증, 우울증, 불안, 공황)
- 희망의 상실 또는 좌절감
- 중요한 대인관계 상실의 기념일
- 극도의 실망
- 실제적/위협적인 또는 지각된 곤란함, 굴욕감
- 실제적/위협적인 직업, 경제적 보장, 지위의 상실
- 특히 통증, 쇠퇴, 낙인, 인지 손상, 의존성(남자), 쇠약, 가족에게 짐이 될 수 있는 만성질환

② 자살 사고 평가

자살 사고는 죽음과 자해 그리고 자초한 죽음에 대한 생각, 환상, 반추, 몰두 등을 말한다. 자살 사고에 대한 심각성과 지속성이 클수록 궁극적인 자살 위험성이 높다.

환자의 자살 사고의 본질과 잠재적인 치명성을 결정하기 위해서, 자살 사고의 정도, 빈도, 깊이, 기간과 지속성을 파악하는 것이 필요하다. 환자가 처음에 죽음이나 자살에 대한 생각을 부정하더라도, 임상가는 환자의 자살 위험성이 높거나 위기에 처해 있다고 생각된다면 추가적인 질문을 해야 한다. 환자가 미래를 어떻게 생각하고 있는지, 또는 미래의 계획을 세우거나 기대하고 있는지에 대한 질문을 하는 것도 유용한 통찰을 제공할 수 있다. 자살을 생각하는 환자들은 미래에 대해 양가적이거나 숙명적이라고 느낄 수 있고 희망이 없다고 말할 수 있으며, 절망을 표현하거나 아예 생각조차 하지 않으려고도 할 수 있다.

자살 사고에 대해 환자에게 물어보는 것은 환자의 마음에서 자살에 대한 의욕을 키우거나 교육하는 것이 아니라는 것을 기억해야 한다. 환자가 자살 사고나 느낌에 대해서 이야기할 수 있는 '허락'이 주어지면 마침내 안도감을 느끼는 경우가 종종 있다. 자살 사고를 가진 많은 환자는 이러한 생각에 대해 부담을 느끼고 수치감 혹은 죄책감을 느낀다. 어떤 사람들은 이러한 생각에 대해 놀라기도 한다. 일부는 자신이 지각한 무가치감이 강화되는 것으로 받아들인다. 그러한 생각과 두려움에 대해서 개방적인 대화의 문을 여는 것은 환자에게 경청을 해 주며 이해받는다는 느낌을 주고 환자의 심리적, 감정적인 스트레스를 경감시킬 수 있다.

질문: 자살 사고에 대해 어떻게 물어볼 것인가?

답변: 자살 사고의 평가에서 중요한 것은 자살 사고의 존재 유무, 빈도, 강도 그리고 기간에 관해 물어보는 것이다.

대략적인 질문을 시작한 후에 구체적으로 질문한다. 하지만 마지막에는 항상 직접적으로 물어야 한다는 것을 유념하라.

- 삶을 살아갈 가치가 없다고 느낀 적이 있나?
- 더 이상 살기 원하지 않는다는 생각을 해 본 적이 있나?
- 당신이 죽었으면 좋겠다고 바란 적이 있나?
- 당신의 죽음이 당신이 최근에 생각했던 것인가?
- 당신의 삶을 끝내는 것에 대해 생각해 본 적이 있나?
- 자살에 관한 생각을 해 본 적 있나?
- 스스로 죽는 것에 대해 생각해 왔나?
- 스스로 죽는 것에 대해 얼마나 자주 생각하나? 매일 하는가?
- 당신이 자살에 대해 생각할 때 얼마나 오랫동안 생각하는가? 몇 분? 몇 시간? 하루 종일?
- 자살 사고를 조절하거나 통제할 수 있는가?
- 자살 사고에 따라 행동할 것이라고 생각하는가?

③ 자살 의도 평가

자살 의도는 자살로 죽기를 원하는 환자의 기대와 신념을 말한다.

환자가 죽고 싶어 하는 의도의 강도는 선택한 자살 방법의 치명성에 대한 환자의 주관적인 믿음에 그 영향이 반영되며 이는 선택한 자살 방법의 객관적 치명성보다 더 중요할 수 있다.

자살을 위해 선택한 방법의 치명성에 대한 환자의 기대나 믿음은 자살 의지의 강도를 측정해야 할 시점을 결정하기 위해 중요하다. 선택한 방법의 객관적인 위험성이 미미하더라도, 환자의 주관적인 확신이 강하다면 자살 위험성 또한 높다고 할 수 있다. 더 강하고 명백한 자살 의도는 곧 더 뚜렷한 자살 위험성을 나타낸다.

질문: 자살 의도에 대해 어떻게 물어봐야 하나?

답변: 누군가 자살 사고를 표현하면, 자살 계획에 대해 직접적이고 구체적으로 질문을 한다. '자살 의도'를 이해하기 위해 죽는 것에 대한 환자의 기대와 전념의 정도를 묻는 것이 중요하다.

- 당신이 죽는다면 당신이나 다른 사람들이 더 좋아질 것이라고 느끼는가?
- 인생이 살아갈 가치가 없다고 느끼는가?
- 당신은 죽기를 바라는가?
- 만약 지금 당신이 혼자 있다면 당신은 죽으려고 시도할 것인가? 가까운 미래에는 어떤가?
- 당신의 삶을 끝내고 싶어 하는 마음이 얼마나 강한가?

④ 자살 계획 평가

임상가들은 자살을 실행하는 시간, 장소, 방법을 포함한 자살 계획의 유무를 밝히려는 시도를 해야만 한다. 이 정보는 임상가들에게 자살 계획의 잠재적인 치사성과 성공 가능성에 대한 정보를 줄 것이다. 더 세밀한 계획들은 일반적으로 더 높은 자살 위험성과 연관된다. 선택한 방법의 치명성, 자살 방법과 관련한 환자의 지식과 기술, 중재할 사람이나 보호적인 환경의 부재, 계획을 실행하려는 환자의 준비성, 치명적인 방법에 대한 환자의 접근성과 자살을 통해 죽으려는 환자의 전념 등 모든 측면이 자살의 의도나 계획을 평가할 때 반드시 고려되어야 한다.

자살 계획의 잠재적인 치사성을 시사하는 중요한 측면들은 다음과 같다.

- 선택된 방법
- 수단의 이용 가능성
- 방법의 치명성에 대한 환자의 믿음
- 구조의 기회
- 계획을 실행하는 단계
- 죽음에 대한 준비성

자살 의도가 분명한 환자 또는 더 자세하고 특별한 자살 계획이 있는 환자, 특히 폭력적이고 비가역적인 방법을 포함하는 계획을 가진 환자는 더 높은 수준의 위험을 갖고 있다. 환자가 총기나 다른 치명적인 수단에 접근 가능하다면 더 이상 환자가 접근할 수 없도록 안전하게 보호되어야 한다. 가족이나 다른 정보 제공자들은 환자의 주변에서 이런 수단들에 대한 접근을 제한하거나 제거할 수 있도록 교육을 받아야 한다.

질문: 자살 계획에 대해 어떻게 물어봐야 하나?

답변: 누군가 자살 사고를 나타낸다면 자살의 방법, 이용 가능성, 치명도에 대한 신념, 구조의 기회와 자살을 위한 준비와 같은, 자살 계획에 대한 직접적이고 특정한 질문을 해야 한다.

- 당신이 자살하기 위한 방법에 대해 특별히 생각해 본 적이 있나?
- 자살 방법에 대해 어떤 것들을 생각해 보았나?
- 다른 것들을 고려하고 있는가?
- 자살하기 위한 시간, 날짜, 장소를 생각해 보았나?
- 당신은 다음과 같은 것들을 가지고 있거나 이것들이 주변에 있나?
  - 진통제?
  - 독극물?
  - 약물?
  - 무기?

- 당신은 다음 사항을 결정했는가?
  - 목을 맬 장소?
  - 뛰어내릴 장소?
  - 이야기하지 않은 또 다른 방법?

⑤ 자살 동기 평가

한 사람을 죽음에 이르게 하는 자살에 대한 생각들과 행동은 개개
인에게 독특한 감정, 믿음, 의미 또는 동기에서 비롯되며 개인적인
맥락과 삶의 경험 안에서만 이해될 수 있다. 환자에게 자살의 '의미'
또는 '동기'가 무엇인지를 이해하는 것은 임상가와 환자가 환자 자
신, 삶, 관계, 환경과 미래에 대한 생각과 느낌에 대해 통찰과 이해를
제공한다. 이를 통해 중재 가능한 영역을 확인할 수 있다.

자살의 동기는 다음과 같은 것들이 있다.

- 복수
- 탈출
- 고통의 경감
- 사랑했던 사람과의 재회
- 죄책감
- 자책
- 통제
- 힘

⑥ 자살의 방어요소

많은 사람은 삶의 특정 시점에서 자살을 생각한 적이 있다(특히 심한 스트레스 기간 동안). 하지만 사람들 중 일부만이 자살의 실행을 고려하며, 실제로 실행하는 사람은 거의 없다. 사람들 대부분은 어떠한 외부적인 중재 없이도 '자살의 과정'을 중단한다. 자살 사고를 행동으로 옮기지 않거나 자살 계획을 실행하지 않는 이유 그리고 '안전하게 생존하기'에 도움이 되는 내적인 강인함은 자살 위험성을 종합적으로 평가할 때 고려하여야 할 중요한 요소다.

살아야 하는 이유와 위험을 관리하는 내적인 역량을 찾기 위한 질문은 다음과 같다.

- 당신의 삶에서 중요한 것은 무엇인가?
- 당신은 무엇과 연결되어 있다고 생각하십니까? 종교? 가족? 지역사회?
- 당신을 살아가게 하는 힘은 무엇인가요?
- 당신은 삶의 목적과 의미에 대해 어떤 느낌을 가지고 있습니까?
- 어떻게 스트레스를 관리합니까?
- 스스로를 위해 무엇을 하고 있습니까?
- 무엇 때문에 죽지 못했습니까?
- 당신은 자살 생각을 극복하는 데 도움을 얻기 위해 무엇을 하십니까?
- 안전히 생존하기 위해 어떻게 관리하십니까?
- 현재 무엇이 당신 스스로 죽지 못하도록 막을까요?

단계 4: 과거 자살 행동 평가

자살 시도 혹은 다른 자해 행동을 포함하는 과거 자살 행동은 자살의 중요한 위험요소다. 이전의 자살 시도 또는 자해의 과거력이 있는 환자를 평가할 때 과거 자살 행동의 횟수, 시기, 의도, 방법과 그러한 행동의 결과, 그들이 처했던 삶의 상황, 술이나 다른 물질의 중독 혹은 만성적인 사용 여부 그리고 이러한 행동들에 대한 환자의 현재 느낌을 자세하게 파악해야 한다.

질문: 과거의 자살 행동을 어떻게 평가하는가?

답변: 과거의 자살 행동에 대한 평가는 다음의 정보를 포함해야 한다.

- 과거 자살 행동의 유형
- 과거 자살 행동의 빈도
- 과거 자살 행동의 유발요인
- 과거 자살 행동의 치명도
- 과거 자살 행동의 보호요인

① 과거 자살 행동의 유형
많은 자살 유형이 존재하기 때문에, 과거 자살 행동에 대한 질문은 과거에 도움을 구했는지, 또는 보건 전문가에게 상담을 받았는지, 은밀한 시도였는지, 실패했는지, 좌절되었는지(환자가 생각을 바꾸는 동안), 주변 사람들을 조종하려는 행동이었는지, 또 다른 자기 파괴적 행동이 있었는지 등을 고려해야 한다.

과거 자살 행동의 유형은 다음을 포함한다.

- 이전에 발견된 자살 시도
- 이전에 발견되지 않은 자살 시도
- 실패한 자살 시도
- 자해 행동들

② 과거 자살 행동의 빈도

자살 시도의 치사성이 낮더라도(경미한 자상, 소량의 약물남용 등) 시도 횟수가 많다면 자살을 실행할 위험은 더 높다. 과거 시도의 횟수에 대한 질문에 덧붙여 시도의 빈도에도 어떠한 변화가 있는지 주의 깊게 관찰해야 한다. 만일 행동의 강도나 빈도가 증가하고 있었다면 그 사람은 자살 성공의 매우 큰 위험에 처해 있는 것이다.

③ 과거 자살 행동의 유발요인

과거 자살 행동의 유발요인을 밝히는 것은, 첫째, 임상가와 환자가 미래의 어떤 상황과 환경에서 자살 위험성이 높아질 것인지를 파악하는 데 도움을 줄 수 있다. 둘째, 임상가로 하여금 환자가 미래의 위험을 완화시키고 대처하는 능력을 개발할 수 있도록 돕기 위한 중재를 결정하는 데 도움을 준다. 셋째, 자살 위험성을 증가시키는 유발요인에 대한 환자의 자각 형성을 돕는다. 넷째, 자살 위험성이 높기 때문에 임상의가 자살 경향성을 더욱 자주 평가해야 하는 기간을 예측하는 데 도움을 준다.

④ 과거 자살 행동의 치명성

'치명성'에 대해 이해하는 데는 과거 행동의 의도와 마찬가지로 현재 그리고 과거 자살 행동의 심각성에 대한 평가도 요구된다. 과거의 심각한 자살 시도는 차후 자살 완수의 위험을 증가시킨다는 것을 기억하라.

자살 시도의 양상과 심각성

과거 자살 시도의 양상과 심각성에 대한 평가는 행동이 발생한 상황의 맥락에 대한 이해, 선택한 방법의 치명성, 과거 행동의 결과들로부터 파악할 수 있다.

과거 자살 행동의 맥락

과거 자살 행동의 맥락과 관련하여 환자와 정보 제공자로부터 이끌어 내야 하는 정보는 다음과 같다.

- **환경** 자살 행동이 발생했을 때 무슨 일이 일어나고 있었나? 유발요인이 있었나?
- **감정적 상태** 환자의 기분이 어떻게 변화했으며 자살 행동의 직접적 원인이 되었나? 환자가 절망감, 굴욕감, 무력감, 두려움, 긴장, 공황,

분노, 슬픔, 외로움을 느꼈는가?

- **인지 상태** 자살 행동을 직접적으로 유발한 환자의 생각은 무엇인가? 다른 선택은 없다고 믿었는가?
- **행동** 자살 행동을 직접적으로 초래한 환자의 행동은 무엇인가?
- **장소** 자살 행동이 어디서 발생하였는가? 환자가 집에 있었는가? 다른 가까운 곳에 있었는가? 고립된 장소에 있었는가?
- **시간** 자살 행동이 언제 발생하였는가? 하루 중 언제 일어났는가?
- **손상** 알코올 또는 약물이 관여되어 있는가? 환자가 술이나 약을 복용하였는가? 또는 사건이 일어나기 전 약물을 사용하였는가? 사건이 일어날 때 환자는 중독되어 있었는가?
- **계획** 자살 시도가 계획된 것이었는가? 얼마나 오래 환자는 그것을 계획해 왔는가? 그 계획은 얼마나 구체적이었는가?
- **충동성** 사건이 계획되지 않은 것이었나? 반응적 또는 충동적이었나?

과거 자살 행동에 사용되었던 방법의 치명성

과거의 자살 시도 동안에 선택되었던 방법에 관해 환자 또는 정보 제공자로부터 얻어야 할 사항은 다음과 같다.

- **방법의 치명성** 환자가 총기 사용, 목을 매는 것, 독, 가스 등의 매우 치명적인 방법을 선택했는지? 높은 곳에서 뛰어내리는 것, 총으로 자신을 쏘는 것이나 농약을 마시는 행동은 매우 치명적인 예다.
- **방법의 치명성에 대한 인식** 환자는 선택한 수단이 매우 치명적이라는 것을 알고 있었는가? 환자가 선택한 방법이 치명적일 것이라고 믿었는가? 환자가 한 움큼의 철분 보충제를 먹었다면 환자는 철분제 한 통이 치명적일 수 있다는 것을 알고 있었는가? 만약 치명도가 낮은 방법이 선택되었다면, 환자는 그가 선택한 방법으로 인해 죽을 것이라고 믿었는가?(예: 환자가 치명적이지 않은 약을 한 움큼 먹었을 때)

- **치명적 수단의 접근 가능성** 선택한 방법은 환자가 쉽게 접근할 수 있는 것이었는가? 환자는 선택한 수단에 어떻게 접근하였는가?

과거 자살 행동의 결과

과거 자살 행동의 결과와 관련해 환자나 정보 제공자로부터 이끌어 내야 하는 정보는 다음을 포함한다.

- **의학적 심각도(자살 행동이 다음을 초래하였는가?)**
  - 응급 처치실에서 의학적 중재가 있었는가?
  - 입원을 했는가?
  - 집중치료를 받았는가?
  - 신체적인 결과가 남았는가?
- **치료 결과(자살 행동이 다음을 초래하였는가?)**
  - 정신과 병동에 입원했는가?
  - 정신과 외래로 의뢰됐는가?
  - 정신과 약물을 처방받았는가?
- **정신사회적 결과(자살 행동이 다음을 초래하였는가?)**
  - 직장을 잃었는가?
  - 대인관계가 상실됐는가?
  - 법적인 문제가 있었는가?
  - 다른 부정적인 결과가 있었는가?

의도

자살 의도를 평가하기 위해 환자가 죽고자 하는 욕구가 얼마나 강한지를 이해해야 한다. 이것은 환자가 죽음에 대해 얼마나 심각한지에 대한 평가를 필요로 한다. 다시 말해 자살 시도가 정말로 죽기 위한 시도였는지 아니면 죽고 싶지 않지만 좌절이나 분노를 표현하기 위한 행동이었는지를 알아야 한다. 죽고자 하는 의도를 판단하기 위해 다음 정보들을 환자와 정보 제공자로부터 알아내야 한다.

- **과거 행동의 계획**
  - 그 사건이 계획되었거나 구체적이었는가?
- **선택한 방법의 치사성에 대한 기대**
  - 환자는 방법이 위험하다고 믿고 있는가?
- **발견될 가능성**
  - 환자가 선택한 상황에서 발견될 기회가 낮았는가?
- **행동할 당시 목격자의 존재**
  - 누군가가 그 장소에 있었는가?
- **자살 시도에 대해 이야기를 나눈 사람**
  - 자살 시도 전에 계획에 대해 알고 있는 사람이 있었는가?
- **어떻게 자살 시도가 알려졌는가**
  - 왜 죽음이 일어나지 않았는가?
- **삶에 대한 양가감정**
  - 환자는 정말 죽기 원하는가?
- **과거의 자살 행동에 대한 느낌**
  - 환자가 과거의 자살 행동에 대해 후회하는가?
- **결과에 대한 반응**
  - 환자가 죽지 않았다는 것에 대해 안도하는가 또는 실망하는가?
- **발견된 사실에 대한 환자의 느낌**
  - 발견되었다는 것에 안도감을 느끼고 있는가?
  - 환자가 발견되었다는 것에 실망했는가?
  - 환자의 자살 시도 및 실패가 미래의 죽음에 대한 의지를 더 강하게 만들었는가?

- **살아남은 것에 대한 환자의 느낌**
  - 죽지 않았다는 것에 안도감을 느꼈는가?
  - 죽지 않았다는 것에 낙담했는가?
  - 환자의 자살 시도 및 실패가 미래의 죽음에 대한 다짐을 더 강하게 만들었는가?

⑤ 과거 자살 행동의 보호요인

과거에 자살 사고와 우울한 감정이 있음에도 불구하고 자살 행동으로 발전하지 않는 이유 그리고 자살 사고나 우울한 감정의 시작, 강도, 기간, 빈도를 관리하는 것과 관련하여 무엇이 도움이 되었는지를 이해하고 탐색하는 것은 임상가가 환자의 대처전략, 내적/외적 자원을 이용하여 치료계획을 수립하는 데 도움을 줄 수 있다.

과거에 자살 경향성을 경험했던 환자에게 물어보아야 할 질문은 다음과 같다.

- 과거 당신이 자살에 관한 생각 또는 삶을 끝내려는 생각을 했을 때
  - 무엇이 자살 사고를 실행하지 못하게 막았는가?
  - 자살 사고를 다루는 데 무엇이 도움이 되었는가?
  - 안전하게 생존하기 위해 어떻게 했는가?
  - 무엇이 당신의 자살 계획을 실행하지 못하게 막았는가?

단계 5: 자살 위험요인과 방어요인의 평가

환자의 인구통계학적 요인

- 정신과적 병력
- 정신과적 증상
- 내과적 병력
- 가족력
- 개인력
- 성격
- 방어요인

① 환자의 인구통계학적 요인

나이, 성별 그리고 당신이 일하는 지역의 문화적 위험요소를 찾아야 한다.

② 정신과적 병력

물질남용 또는 우울증과 관련된 정신과적 질환뿐만 아니라 현재 또는 과거의 정신과적 진단, 치료, 질병의 경과 그리고 이전의 입원 경험에 대해 알아보아야 한다.

③ 정신과적 증상

높은 자살 위험성과 연관된 정신과적 증상(슬픔/우울, 절망감, 심한 무쾌감증, 충동성, 불안/공황, 수치심/굴욕감, 명령환청)을 알아보아야 한다. 현재의 정신과적 증상과 증후를 구별하기 위한 자세한 정신상태 평가가 필수적이다. 우울, 불안, 물질남용과 정신질환이 자살 위험성과 깊게 관련되기 때문에 이러한 질환들의 특징적인 증상들에 대한 평가가 수행되어야 한다.

자살 위험성을 높이는 정신과적 증상들을 알아보아야 한다.

인지증상

- 절망감
- 낮은 자존감
- 인지 기능 손상
- 낮은 현실검증력
- 명령환청
- 중독

정동증상

- 우울감
- 심한 무쾌감증
- 심한 불안/두려움/공황
- 심한 분노
- 심한 수치심과 굴욕감
- 심한 외로움

행동증상

- 심한 불면
- 행동의 활성화
- 충동성과 미약한 자기조절감
- 공격성
- 좌불안석
- 알코올과 물질남용

절망감 – 증가된 자살 위험과 연관된 가장 중요한 증상 중 하나는 무망감이다.

임상적인 우울증의 존재 여부와 무관하게 절망감은 자살의 위험성을 증가시킨다. 자살을 평가하기 위한 면담 시 절망감의 존재, 지속 그리고 정도에 대해 반드시 알아보아야 한다. 절망감을 경험하는 사람들은 자신의 어려움이 해결되지 못할 것처럼 여기고 상황이 바뀌지 않을 것이며 고통에서 빠져나올 수 없다고 느낀다. 그들은 종종 고통이 해소된 이후의 행복한 시간들을 예상하지 못한다.

질문: 절망감에 대해 어떻게 물어볼 것인가?

답변: 다음과 같이 질문해 볼 수 있다.

- 아무것도 변하지 않고, 좋아질 것 같지 않은 느낌을 받은 적

이 있는가?

- 더 이상 시도할 가치가 없다는 느낌을 받은 적이 있는가?
- 당신의 미래에 대해 비관적인가?
- 희망이 없음을 느낀 적 있는가?
- 당신의 문제에 대해 가능한 해답이 없다고 느낀 적이 있는가?

④ 내과적 질환

만성 경과, 나쁜 예후, 통증, 심한 불면, 두려움, 수치심, 굴욕감 그리고 기능 상실과 관련된 신체적 문제를 알아보아야 한다.

높은 자살 위험성과 연관되어 있는 내과적 병력의 특징은 다음과 같다.

- 최근 치명적인 질환의 진단
- 만성질환의 존재
- 신경학적 질환의 존재
- 다음과 연관되는 질환의 존재
  - 심한 불면증
  - 난치성 만성 통증
  - 기능 손상
  - 인지기능 손상
  - 시력이나 청력의 상실
  - 외적인 손상

- 부담으로 간주되는 것
- 절망적인 예후
- 정신과적 질환의 존재
- 정신과적 증상의 존재
- 수치심과 굴욕감

⑤ 가족력

직계 가족이나 친척들의 자살, 자살 시도 또는 정신과적 진단에 대해 알아야 한다. 특히 1촌 이내의 자살 또는 자살 시도나 물질남용을 포함한 정신질환의 가족력을 확인해야 한다. 가족 중에서 자살 혹은 자살 시도가 있었던 시기에 환자와의 관련성이나 나이 등을 포함한 전반적인 상황이 파악되어야 한다. 가족의 갈등이나 이별, 부모의 법적 다툼, 물질남용, 가정 폭력, 신체적 또는 성적 학대의 과거력 또한 자살 위험을 증가시킬 수 있다. 일부 환자는 가족의 자살 또는 자살 시도 병력을 모르고 있을 수 있다. 또한 환자들이 사건을 알고는 있지만 수치심, 낙인이나 차별에 대한 두려움 그리고 가족을 보호해야 할 필요성 등 여러 가지 이유 때문에 정보를 공유하지 않으려고 할 수도 있다.

자살은 어떤 문화권에서는 극도로 민감한 주제이며 따라서 환자는 가족 내 자살과 연관된 사회적 낙인, 비밀, 수치심 때문에 이러한 비밀을 숨기려고 할 수 있다는 것을 유념하라.

질문: 가족의 자살 병력에 대해 어떻게 물어보아야 하는가?

답변: 면담 시 섬세하고 솔직해야 하며 면담 내용은 비밀이 지켜진다고 환자를 안심시켜야 한다.

- 많은 가족이 자살에 의해 고통받지만 종종 이것은 가족들이 드러내놓고 이야기할만한 것이 아니다. 당신의 직계 가족 또는 친척 중에서 자살로 죽은 사람을 알고 있나? 만약 그렇다면,
  - 당신이 그에 대해 알고 있는 것을 말해 줄 수 있나?
  - 그것이 당신에게 개인적으로 어떤 영향을 주었나?
- 직계가족이나 친척 중에서 자살을 시도한 사람을 알고 있나? 만약 그렇다면,
  - 당신이 그에 대해 알고 있는 것을 말해 줄 수 있나?
  - 그것이 당신에게 개인적으로 어떤 영향을 주었나?

⑥ 개인력

사회적 유대관계, 대인관계의 질, 삶의 성취, 중요한 상실과 부정적인 생활환경(가정폭력에 노출, 학대 또는 방치, 스트레스를 주는 최근의 사건), 어린 시절 폭력을 당했던 경험에 대해 알아보아야 한다. 평가의 목표는 환자에게 영향을 주는 긍정적이거나 부정적인 정신사회적 요소들을 파악하기 위한 것이다. 정신사회적 과거력은 가정, 학교, 직장, 교회나 공동체 안에서 가능한 외부 지지의 존재 유무에 대한

기술을 포함해야 한다. 환자의 현재 상황을 이해하고 어떤 스트레스나 보호적 요인(예를 들어, 집에 어린아이가 있는지, 집이 환자에게 행복하고 편안한 장소인지, 현재 환자와 가족 간의 관계 양상, 친구와 동료, 가정 폭력의 존재, 학대 또는 방치)이 존재하는지를 알아본다. 그리고 환자의 고용 상태나 학교 성적 등을 알아본다. 이를 통해 임상가가 급성 정신사회적 위기와 만성 정신사회적 스트레스가 최근에 환자에게 영향을 줬는지 규명하는 기회가 될 수 있다. 평가 시 흔한 정신사회적 스트레스를 신속하게 파악하는 것이 좋다. 대부분의 환자는 자발적으로 개인적인 정보를 드러내지 않으려고 한다.

환자에 대한 질문에는 다음과 같은 것들이 포함된다.

- 사회적 네트워크와 사회적 지지의 정도
  - 혼자라고 느끼는가?
  - 사회적으로 고립되어 있는가?
  - 지지적인 가족, 친구, 동료가 있는가?
  - 자신의 삶에서 의지하거나 믿을 수 있는 사람은 누구였는가?
  - 지역사회와 연결되어 있는가?
- 대인관계의 정도
  - 친구나 가족과의 관계는 건강한가? 안정적인가? 지지적인가?
  - 친구와 가족과의 관계는 건강하지 못한가? 불안정한가? 갈등이 있나? 학대적인가?
- 가족/친밀한-파트너와 관계의 정도
  - 파트너와 학대적인 관계를 맺고 있는가?

- 가정 폭력이나 학대의 증거가 있는가?
- 과거 학대나 폭력에의 노출
  - 과거 인간관계에서 폭력이나 학대를 경험한 적이 있는가?
  - 어린 시절에 학대 또는 폭력을 경험한 적이 있는가?
- 스트레스 요인의 존재와 심각도
  - 집, 직장/학교, 지역사회, 가족 안에서 자신의 역할과 책임과 관련하여 어떻게 행동하고 있는가?
  - 육아, 경제적, 법적 그리고 학교 또는 직장과 관련하여 현재 큰 문제가 있는가?
  - 지역사회, 문화, 가정, 성 역할, 책임 또는 기대에 부응해야 한다는 강한 압력이 있는가?
  - 최근에 사랑하는 사람과의 관계를 상실했거나 사랑하는 사람의 죽음을 경험한 적이 있는가?
  - 최근에 매우 부정적인 일(외상, 부당한 일, 학대, 폭력)을 겪은 적이 있는가?
- 최근 그리고 과거에 있었던 자살에 대한 노출
  - 가까운 사람이 자살 시도를 했거나 자살로 죽은 적이 있는가?
  - 이것이 어떤 영향을 미쳤는가?
  - 이것이 당신과 가까운 사람들에게 어떤 영향을 미쳤는가?
  - 당신의 동료, 가족, 지역사회는 자살에 대해 어떻게 말하거나 생각하는가?

⑦ 성격

감정이나 심리적 스트레스를 견디는 능력, 기분을 조절하고 관리하는 능력, 건강한 대처 방식을 활용하는 능력, 대인관계 기술, 개인적 성격 양상과 사고방식 등을 알아보아야 한다. 잠재된 문제가 있는 성격 성향이나 내재된 행동 양식에 대한 통찰은 환자나 정보 제공자로부터 과거의 스트레스 사건에 대해 어떻게 반응했는지를 평가해 봄으로써 확인할 수 있다. 그러한 평가는 환자가 감정적이고 심리적인 스트레스를 다루는 능력, 건강한 대처전략을 사용하는 능력, 내부와 외부 지지를 동원하는 능력과 관련된 중요한 정보를 제공한다.

환자와 정보 제공자로부터 과거 스트레스 요인과 관련하여 알아보아야 할 것들은 다음과 같다.

- 대처기술
- 인격 성향
- 스트레스에 대한 과거 반응
- 현실 검증력에 대한 능력
- 심리적/감정적 고통을 견디는 능력
- 심리적/감정적 욕구를 만족시키는 능력

⑧ 방어요인

긍정적인 사회적 지지, 유대감 또는 영성, 가족에 대한 책임감, 삶의 만족감, 온전한 현실검증력, 좋은 대처기술, 적절한 문제 해결 능력과 긍정적인 대인관계를 가지고 있는지 알아보아야 한다.

단계 6: 무슨 일이 일어나고 있는지 이해하기

환자에게 무슨 일이 일어나고 있는지 이해하기 위해서는 자살의 취약성에 기여하는 과거의 원위 요인들과 환자의 현재 자살 위험성과 관련된 근위 요인에 대해 이해하는 것이 필요하다.

두 가지 근본적인 질문을 이해하려고 시도해야 한다.

- 왜?

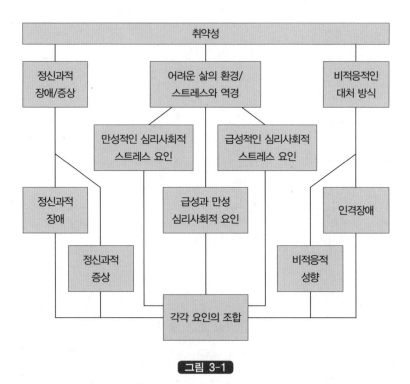

그림 3-1

출처: © Dr. Sonia Chehil, 2009.

• 왜 지금인가?

이 질문에 대한 답을 찾기 위해 임상가는 자살 위험을 초래하고, 지속시키며, 촉발시키는 감정, 생각, 행동 그리고 환경을 포함한 위험인자들에 대해서 알아보아야 한다.

자살은 하나의 사건이 아니라 일련의 과정임을 기억하라.

자살의 과정은 자살 사고와 자살 행동 사이의 기간이다. 자살 과정의 양상, 기간 그리고 시작과 진행에 영향을 미치는 요소들을 이해하는 것은 이러한 일련의 과정을 중단하고 자살 행동을 예방하기 위한 성공적인 중재를 계획하는 데 필수적이다.

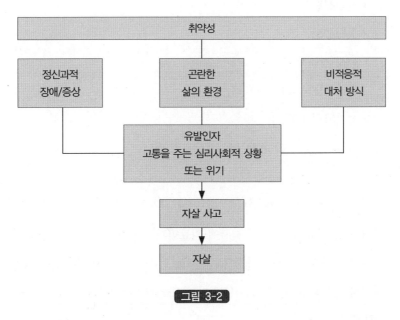

그림 3-2

출처: © Dr. Sonia Chehil, 2009.

단계 7: 중재의 대상을 알아내기

위험요소 중 변하지 않는 것들(예: 나이, 성별, 인종/민족)이 있는 반면 변화 가능한 것들도 있다(예: 실직, 주거지 상실, 치료받지 않은 정신과적 질환, 정신과적 증상, 불면증, 만성적인 내과적 상태와 관련된 통증). 자살 위험성 평가를 종결하려 할 때 임상가는 중재의 목표가 될 수 있는 수정 가능한 위험요소에 대해 잘 이해하고 있어야 한다. 또한 임상가는 적절한 중재에 의해 강화될 수 있는 보호요인이 존재하는지 확인해야 한다. 중재의 대상은 다음과 같다.

- 정신질환
- 정신증상
- 만성 심리사회적 스트레스 요인
- 급성 심리사회적 스트레스 요인
- 심리사회적 위기
- 사고, 감정 그리고 행동의 비적응적 패턴

자살 위험성 평가가 면담의 첫 번째 시간이자 역동적인 과정임을 기억하라. 면담의 첫 번째 시간에 의료인과 환자 간의 새로운 관계를 정의하게 된다. 역동적 과정으로서 의료인과 환자 사이의 진행 중인 관계의 일부라고 할 수 있다(환자가 정신질환을 진단받았는지 여부와 무관하게).

제**4**장

통합하기:
자살 위험성 평가 도구(TASR)

제4장

통합하기: 자살 위험성 평가 도구(TASR)

이 장에서는 제2장과 제3장에서 다루었던 내용이 환자의 자살 위험성을 평가할 때 임상적으로 사용될 수 있는 형태로 요약된 짧고 간단한 도구인 자살 위험성 측정 도구, 수정판(TASRm)을 소개한다(부록 A 참고). TASRm은 3개의 부분 개인 정보, 증상, 면담으로 나뉜다. 이들 각각은 자살 위험성을 임상적으로 평가할 때 반드시 고려해야 하는 중요한 위험요소를 포함하고 있다. TASRm은 자살을 예견하지는 못한다. 이것은 단순히 임상가가 환자들을 임상적으로 평가하기 위한 최소한의 필요 정보를 얻었다는 것을 보장해 줄 뿐이며 심도 있는 임상적 평가를 대체할 수는 없다. 이것은 임상적 면담의 종료 시 자살 위험성 평가에 필요한 관련 항목이 임상가에 의해 다루어졌다는 것을 보증하기 위해 사용될 수도 있다. 따라서 TASRm은 임상가가 자살의 '위험 부담'을 평가할 수 있게 도와주는 '임상 도구'라고 할 수 있다.

자살 위험도 평가 도구(TASR)

이름: 번호:

개인적 위험성 분석표	예	아니요
인구통계학적: 65세 이상 또는 15~35세, 남자〉여자		
가족력: 자살, 자살 행동, 정신질환		
현재/과거 정신과적 진단: 기분, 불안, 정신증, 인격장애		
내과 질환: 만성, 난치, 낙인		
빈약한 사회적 기반: 독신, 고립, 불안한 대인관계		
알코올/물질남용		
가정 내 문제: 가정 폭력/학대, 가족 내 갈등, 심각한 기능장애		
낮은 스트레스 내성: 빈약한 대처기술 또는 문제 해결 능력		
과거의 자살 행동: 자살 시도, 실패한 시도, 자해		
학대: 어린 시절 또는 현재의 감정적, 심리적, 신체적, 성적 학대 또는 폭력		
증상 위험성 분석표	예	아니요
슬픔/우울/불쾌		
절망감		
심한 쾌락 불감증		
심한 불안/공황		
무가치감/낮은 자존감		
자기 비난: 죄책감, 자기비난, 분노		
심한 수치/굴욕		
정신증		
충동성/낮은 자기-조절력		
분노, 폭력성 또는 공격성		

면담 위험성 분석표	예	아니요
자살 관념: 적극적 – 빈도, 강도, 기간 소극적 – 언어적/비언어적 단서		
자살 의도: 양가감정, 죽음에 전념하고 기대하는 정도		
자살 계획: 방법, 치명도, 준비성		
과거의 자살 시도: 횟수, 유발인자, 맥락, 방법, 치명도, 결과		
치명적 방법에의 접근: 치명적 방법의 이용 가능성과 접근성		
자살 유발: 최근, 전개되는 또는 기대되는 심리사회적 위기/갈등/상실		
최근의 알코올/물질사용 또는 중독		
해결 불가능한 문제: 대안책을 알지 못하는 것		
견딜 수 없는 상태: 심한 고통, 절망, 수치, 굴욕, 거절, 외로운 고통		
명령환청		
보호요인	예	아니요
살아야 할 이유		
위기를 관리하는 내적 힘		
위기를 관리하는 외적 힘		

현재 자살 위험성   높음 □   중간 □   낮음 □

평가자: 날짜:

나열된 각각의 항목에 대하여 '예'(환자에게 해당하는 경우) 또는 '아니요'(환자에게 해당하지 않는 경우)를 오른쪽에 있는 상응하는 칸에 표시하라. 다음에 전체적인 자살 위험성을 높음, 중간, 낮음으로 평가하여 표 맨 밑의 해당 네모 칸에 표시하라. 자살 위험성을 높음, 중간 또는 낮음으로 분류하는 것은 임상적인 판단에 기초한다. TASRm은 임상가에게 판단을 내려 주지는 못한다. 하지만 TASRm은 임상적 평가의 질을 높여 주는 도구로 임상가가 의학적인 판단을 하는 데 도움을 준다.

참고 자살 계획 또는 강한 자살 의도가 있다면 다른 어떤 위험인자의 존재 여부와 상관없이 높은 자살 위험성이 있는 것으로 본다.

자살 위험성 평가 도구, 수정판(TASRm) 안내

① Section I: 개인적 위험성 분석표

이 장은 나이나 인구통계학적 요인들과 함께 환자의 가족, 개인 그리고 의학적이고 심리사회적인 내력들을 확인한다. 많은 사람은 이러한 위험요인들을 가지고 있으나 대부분은 자살하지 않는다. 이러한 요인들은 임상적인 맥락 안에서 볼 때만 의미가 있다. 이 요인들 중 자살 위험성과 높은 관련이 있는 것들을 다음과 같이 나열하였다.

• 인구통계학적 요인
  - 나이와 성별(남자, 15~35세 사이, 노인의 위험성이 가장 높음),

문화적, 사회경제적 상태

• 가족력

  – 자살, 자살 행동, 정신질환

• 현재/과거 정신과적 진단

  – 기분, 불안, 정신증, 알코올/약물 그리고 인격장애

• 내과적 질환

  – 만성, 난치, 낙인

• 빈약한 사회적 기반

  – 독신, 고립, 빈약한 사회적 관계망, 불안정한 대인관계

• 가정 내 문제

  – 폭력/학대, 관계의 단절, 언쟁, 심한 기능장애

• 낮은 스트레스 내성

  – 낮은 자제력, 빈약한 대처 능력, 낮은 문제 해결력, 낮은 결
    정력

• 과거의 자살 행동

  – 자살 시도, 유산을 시도, 자해

• 과거/현재의 학대

  – 최근의 학대/폭력, 어린 시절 학대의 과거력

• 자살에 노출

  – 직접(친구, 가족) 그리고 간접(문화, 지역사회, 대중매체)적인 자
    살에 노출

② Section II: 증상 위험성 분석표

이 장에서는 높은 자살 위험성과 관련된 현재의 정신과적 증상에 대해 설명한다. 많은 사람이 이러한 증상을 경험하지만 대다수가 자살하는 것은 아니다. 이러한 증상은 임상적인 양상의 맥락에서 관찰되어야 한다. 자살 위험성과 높은 상관관계가 있는 증상들은 다음과 같다.

- 우울증상/불쾌감
- 절망
- 쾌락 불감증
- 격정적인 감정
  - 불안/공황, 부끄러움, 굴욕감, 죄책감, 화, 고립/외로움
- 정지
  - 감정의 철회, 유리, 소통의 부재
- 심한 무가치감/자책
- 손상된 추론 능력
  - 경직된 사고, 빈약한 결정력, 문제 해결력, 판단력
- 낮은 자제력
  - 충동성, 행동과 감정의 조절 결핍, 폭력/공격성
- 정신병적 증상
  - 명령환각
- 문제를 유발하게 되는 알코올/약물사용

③ Section Ⅲ : 면담 프로파일

제1장과 제2장에서 제시된 요인 외에도 자살 위험성이 높은 환자의 면담 중에 확인할 수 있는 요소들이 있다. 제1장에서 제시한 위험요인이 있으면 자살 위험성은 증가하고 제2장에서 제시한 위험요인까지 동반된다면 그 위험은 훨씬 커진다. 자살 위험성과 밀접한 상관관계가 있는 증상들을 다음과 같이 나열하였다.

- 자살 사고
  - 빈도, 강도, 기간, 지속성
- 자살 의도
  - 자살 행위에 대한 양가감정 혹은 기대의 정도
- 자살 계획
  - 방법, 치명성, 준비
- 숨겨진 자살 위험성
  - 경고 증상, 언어/비언어적 실마리, 부수적인 '임상적 직관'
- 과거의 자살 시도
  - 횟수, 계기, 문맥, 자살 방법, 치사율, 결과
- 치명적인 방법에 대한 접근성
  - 흔하면서도 치명적인 방법에 대한 접근 가능성과 유용성
- 현재의 알코올/약물의 사용 혹은 중독
- 자살의 계기
  - 최근의 상실/위기/분쟁에 참여, 희생, 외상
- 해결되지 않은 문제

- 해결/대체 방법을 찾을 수 없음
- 견딜 수 없는 상태
  - 견딜 수 없는 감정, 심리적/신체적 상태 혹은 환경

④ Section IV: 자살 위험성의 보호요인

이 장은 면담 도중 자살 위험성에 대해 보호 역할을 할 수 있는 요소들을 설명한다.

- 삶의 이유
- 위험을 관리하기 위한 내적인 강인함
- 위험을 관리하기 위한 외적인 강인함

⑤ Section V: 자살 위험성의 최종 평가

이 장에서는 임상가들이 임상적 면담과 TASRm을 바탕으로 자살 위험성 수준에 대한 평가를 설명한다. 자살 위험성은 해당되는 위험 요소에 따라 기하급수적으로 증가할 수 있음을 기억하라. 자살 계획이나 자살을 명령하는 환청이 있다면 다른 위험요소가 없더라도 자살 위험성은 매우 높다.

즉각적인 자살 위험 수준은 다음과 같다.

- 높음
- 중간
- 낮음

제5장

자살 위험성을 이해하고
평가할 때 특수한 주제

제5장

자살 위험성을 이해하고 평가할 때
특수한 주제

자살 위험성을 평가할 때 특별한 주의가 필요한 몇몇의 인구 집단이 있다.

이번 장에서는 다음과 같은 것들을 다룰 것이다.

- 치사율이 낮은 자살 시도를 반복하는 환자와 만성적으로 자살 충동을 느끼는 환자
- 청소년 환자
- 노인 환자

치사율이 낮은 자살 시도를 반복하는 환자와
만성적으로 자살 충동을 느끼는 환자

경우에 따라서 임상가들은 치사율이 낮은 자살 시도를 반복하거

나, 정서적 불안정 또는 빈약한 문제 해결 능력을 보이는 환자를 만날 수 있다. 이러한 환자들을 면담하는 것은 고통스러울 수 있다. 따라서 임상가들은 자신의 감정을 조절하고 환자를 적절하게 평가, 관리하는 방법을 배워야만 한다.

'치사율이 낮은' 자해 행동의 예는 다음과 같다.

- 치명적이지 않은 손목 긋기 또는 화상
- 치명적이지 않은 자해
- 치명적이지 않은 약물이나 알코올의 과다복용

또 다른 환자들은 '만성적인 자살성향'을 보일지 모른다. 그들은 매일 스스로를 죽이는 생각을 했을 것이다. 비록 이런 환자들이 자살 사고의 호전과 악화를 경험할 수는 있지만 자살 위험성의 완화 기간은 종종 짧고 심리사회적 환경들과 강하게 연관되어 있다. 또한 환자들은 자해 행동을 하거나 혹은 하지 않을 수도 있다.

환자들의 보호와 관련하여 염두에 둘 것은 다음과 같다.

- 자살 사고는 자살에 있어 위험요인이다.
- '자살 사고를 말하는 사람은 실제로 행동하지 않는다는 것'은 근거 없는 믿음이다.
- 만성적인 자살 성향을 보이며 치사율이 낮은 자살 시도를 반복하는 사람들은 자살로 생애를 마감한다.
- 만성적인 자살 성향을 보이며 치사율이 낮은 자살 시도를 반복

하는 사람들은 치료 가능한 정신장애를 가지고 있을 수도 있다.

- 만성적인 자살 사고와 지속적인 자살 행동은 진행 중인 중재에 대한 반응이 부족하기 때문일지도 모른다.

- 만성적인 자살 경향성이나 치사율이 낮은 자살 시도를 반복하는 사람들 중 대부분은 적절한 지지나 중재에 잘 반응하며 지속적이거나 혹은 즉각적인 심리사회적 스트레스나 위기를 경험하고 있을 수 있다.

- 각각의 사례는 객관적 평가가 필요하다. 상황은 바뀔 수 있고 치사율이 낮은 자살 시도를 반복하는 사람들은 치사율이 높은 방법에 대한 실제적인 충동을 가질 수 있다. 항상 자살 계획을 물어보라.

- 정신 건강 전문가가 아닌 임상가를 위해서 환자들은 가능한 빨리 정신과 의사에게 의뢰되어 종합적인 평가를 받아야 한다.

이런 환자들의 유형은 모든 임상가에게 언제나 도전적이며 양가적인 감정을 유발시킬 것이다. 임상가들이 이러한 감정을 자각하는 것이 중요하며 이러한 감정이 임상적인 치료를 방해하도록 해서는 안된다. 만약 임상가들이 환자들에게서 부정적인 감정을 느끼게 된다면 환자는 자살 위험성에 대해 세심하고 객관적인 평가를 받지 못하게 된다. 환자가 자살 시도에 대한 오랜 병력을 가지고 있다고 해서 최근의 자살 시도가 심각하지 않다는 것이 아니라는 점을 기억하라. 모든 경우에서, 신중한 검토와 주의 깊은 비판단적 탐색이 필요하다.

임상가들이 스스로 조종당하고 있음을 알아차리거나 정서적으로

꼼짝 못하게 되는 경우는 흔하며 임상적인 균형을 유지하기는 매우 어렵다. 임상가들은 지속적인 치료를 제공하거나 환자를 구조하는 역할에 몰입하여 환자들에게 부주의한 의존성을 만들어 낼지도 모른다. 이러한 유형의 관계는 환자나 치료자 모두에게 도움이 되지 않는다. 만일 과거에 환자와의 경험이나 환자에 대한 임상가의 정서적 반응이 객관적인 평가나 대처를 방해한다면, 반드시 다른 임상가에게 의뢰해야 한다.

치료자의 기분이 압도당하거나 긍정적인 치료 효과가 제한적일 때에는 다른 임상가에게 자문하라.

임상가로서 이러한 감정들을 인지하고 임상에 실제로 영향을 끼치지 않도록 하는 것이 우리의 책임이다. 다음의 지침들이 도움이 될 것이다.

환자들에 대한 당신의 정서적, 인지적, 행동적 반응들을 인식하라.

흔한 정서적 반응
- 분노
- 증오
- 좌절
- 무시
- 무력감
- 무능
- 불안

• 두려움

흔한 인지적 반응

• 이 사람은 약하다.

• 이 사람은 역겹다.

• 이 사람과 함께 하는 것은 시간 낭비다.

• 이 사람은 단지 관심을 얻기 위해 노력하는 것일 뿐이다.

• 이 사람은 나를 이용하는 것이다.

• 이 사람은 나를 조종하는 것이다.

• 나는 이 사람이 그냥 죽었으면 좋겠다.

• 나는 이 사람이 싫다.

• 나는 이 사람을 도울 수 없기 때문에 무능하다.

• 이 사람은 내 스스로가 쓸모없고 부적절하다고 느끼게 한다.

• 만일 이 사람이 자살한다면 그것은 내 잘못이다.

• 나는 이 사람을 보호해야만 한다.

• 나는 이 사람을 구해야만 한다.

흔한 행동적 반응

• 회피

• 거절

• 과잉관여

• 과잉보호

• '보호하기' 또는 '부모' 역할에 대한 부적절한 가정

당신이 자신의 정서적, 심리적 반응을 다루는 방법을 배운다면 환자에게 사려 깊고, 비판단적인 평가를 제공할 수 있으며 환자가 가장 흥미롭고 객관적인 치료 결정을 하도록 도울 수 있을 것이다. 숙련된 동료들로부터 충고와 도움을 받아라.

피해야 할 흔한 함정
- 환자에 대해 책임이 있다는 생각
- 의존감 형성
- 조종
- 이용
- 개인적인 경계의 상실
- 구속(과다하게 관여함)
- 권능 부여하기
- 소진
- 회피

질문: 당신은 무엇을 할 수 있습니까?

답변: 첫 단계는 사려 깊고, 비판단적인 자살 위험성 평가를 완성하는 것이다. 이를 통해 당신은 환자의 즉각적인 자살 위험성에 대한 사전평가를 할 수 있다. 감정적이고 정서적이지 않은, 당신의 인지적, 객관적 자기에 집중하자.

이런 환자들 몇몇은 자해가 반복적인 행동의 한 부분인 성격장애(경계성 성격장애와 같은)가 있을지도 모른다. 그 자체로는 악화의 요인이 되지 않을 수도 있지만 위기에 처했을 때 내부/외부의 자원을 동원하고 부적응적 성격, 미약한 자기효능감, 저조한 대인관계 기술, 역경, 정서적 혹은 심리적 고통 조절의 어려움 그리고 적절한 대처능력의 결핍 등으로 나타날 수 있다.

제한된 또는 부적응적인 문제 해결 능력을 가진 환자들에게, 자살 행동들은 대인관계적 협상을 위해 사용되는 도구(때때로 '조종하려는 자살 경향'으로 언급되는)이거나 분명하게 해결되지 않는 즉각적인 어려움에 직면했을 때 회피하는 수단이 될지도 모른다.

임상가로부터 관심, 약물, 입원, 퇴원, 기타 등을 얻어 내기 위한 뚜렷하거나 은밀한 위협으로서 자살 경향성을 나타내는 경우는 흔하지 않다. 치명적이지 않게 피부에 손상을 입히는 것(예: 화상 입히기 또는 손목 긋기)과 치명적이지 않을 정도의 약물복용과 같은 자해 행동들은 가족, 친구들 및 동료들에게 매우 고통스럽다. 또한 종종 이러한 그들의 행동들은 이해하고 다루기가 매우 어려우며, '그 사람을 안전하게 하려는 시도'에 말려들어 의식하지 못하는 사이에 하지 않기를 바랐던 행동을 하도록 만든다.

환자, 가족 및 의료종사자가 '자해 행동'과 '자살 의도가 있는 자해'를 구분하는 것이 중요하다. 일부는 고의로 또는 우연하게 충분히 치명적인 자해 방법(많은 양의 aspirin이나 acetaminophen을 복용하는 것과 같은)으로 자해를 할 수도 있으며 이런 행위가 죽음에 이르게 하거나 상당한 신체적 손상을 일으킬 수도 있다는 점을 명심하라.

어떤 경우, 기분/불안장애나 약물사용장애와 같은 '숨겨진' 정신질환이 있을 수도 있다. 우울증에서의 절망감이나 정신증에서의 환청과 같은 정신과적 증상들은 만성적 자살 경향성의 바탕이 될 수 있다. 치료를 받지 않는 환자들에게 심리치료(절망감에 대한 인지 행동치료)나 약물치료(조현병에 대한 항정신병 약물치료) 같은 적절한 치료는 자살 위험성을 감소시킬 수 있다. 치료 중인 환자들에게 현재와 과거의 치료, 치료 효과, 치료 순응 및 치료 부작용에 대한 재평가를 해야 하며, 진행되는 중재들에 대해 반응이 부족하거나 부분적인 반응이라면 현재 치료법을 최적화하고 변화시켜야 한다.

환자와 다른 사람에게 상담 결과를 공개하고 토론하는 것이 좋다. 진단 및 언제 개입할지에 대한 결정을 포함한 사항은 환자 보호자 그리고 지역사회에서 환자와 접촉한 적이 있거나 응급상황에서 접촉한 적 있는 모든 건강관리팀과 상의해야 하며 환자의 정보는 반드시 기록으로 남겨야 한다. TASRm에 있는 치명성 기준을 사용하는 것도 임상적인 결정을 내리는 데 도움이 된다. 만약 임상가가 단기간(몇 시간 혹은 하루)의 안전한 관찰이 필요한지 확실하게 결정할 수 없을 때 TASRm의 사용이 합리적인 결정을 내리는 데 도움이 되며 자살 위험성을 좀 더 명확하게 할 수 있다.

답변: 자해의 이유는 각 개인의 사례에 따라 다양하다. 몇몇 환자는 스스로 자초한 신체적 통증이나 부상이 지속되는 동안이나 부상 후에 심리적 고통이나 정서적 고통으로부터 '무감각한' 느낌을 갖거나 '안도감'을 느낀다고 말한다. 다른 환자들은 손목 긋기와 같은 자해 행동의 경우 단시간의 희열을 느낀다고 보고한다. 어떤 이들은 자기 처벌의 수단으로 자해를 하거나 분노를 해소하는 방법으로서 자해를 한다고 보고한다. 특히 그들과 정서적으로 연결되어 있는 사람들을 조종하거나 다루기 위한 수단으로 자해 행동을 사용하기도 한다.

청소년 환자

서구 국가들에서, 자살은 15~24세 사이에 있는 젊은이들의 세 가지 주요 사망 원인 중 하나다. 초기 성인기 연령이 가장 큰 자살의 위험요소이며(10대 후반에서 20대 초기), 대부분의 국가에서 소녀들이 소년들보다 자살 시도를 더 많이 함에도 불구하고, 소년들이 소녀들에 비해 자살로 더 많이 사망한다. 미국에서, 15~19세 그리고 20~24세의 남성과 여성의 자살 비율은 각각 4:1과 6:1로 추정된다.

가정, 학교, 일, 또래 및 지역사회로부터 오는 스트레스 사건들과 압박감은 새로운 경험과 인생의 기술을 축적하며 성장해 가는 지극히 정상적인 과정이며, 수많은 젊은이가 동료들과 협상해 가면서 성취적이고 생산적인 삶을 살아간다. 그렇지만 몇몇의 젊은이는 아동기에서 성인기까지의 과도기에 무척 큰 어려움을 경험한다. 그리고 그들은 성숙한 삶을 이루는 데 실패한다. 젊은이들의 자살은 개인이 겪은 사건들이 다양하게 작용하며 역동적으로 상호작용하는 다양한 요인들 때문에 성인들의 자살만큼이나 복잡하다.

청소년들의 자살에 있어서 기분장애(우울증, 경조증-조증 또는 혼합된 상태)와 같은 정신질환이 가장 중요하다. 특히 알코올이나 기타 물질남용, 파괴적인 행동장애가 동반될 때(특히 소년들에게서는 품행장애) 더욱 그렇다. 우울증은 소녀들에게서 가장 강력한 위험요인이다. 청소년들의 자살에 있어서 위험한 정신과적 증상은 성인과 유사하게 절망감, 초조함, 동요, 충동성 및 공격성이다. 위험요소와 관련된 기타 요인들로는 낮은 자존감과 효능감 및 부정적으로 왜곡된 자기평가와 자기비난이다. 더불어 자살 행동의 내력과 부모의 정신병리(특히 우울증과 약물남용), 부모와의 빈약한 의사소통 관계, 너무 엄격하거나 비현실적인 부모의 압력 또는 기대감, 엄격하거나 비현실적인 문화적 압박 또는 기대 등이 10대들의 자살 위험성을 평가하는 데 중요하다.

청소년들에게 자살 사고는 비교적 흔하다. 많은 젊은이가 다양한 스트레스로 인하여 '그들의 삶을 끝내는 것'을 생각한다. 이러한 사람들 중 소수가 실제로 자해를 하며 그중 극소수는 자살을 실행한다. 자살 사고는 그 자체로는 정신병리가 아니며 10대들에게서는 예방이 필요할 뿐이다. 그렇지만, 아동에게 있어서 자살 사고의 표현은 심각한 일이다. 어린 아동들은 죽음의 '종말'에 대해서 제대로 알지 못하며 따라서 다시는 돌아오지 못할 것이란 사실도 깨닫지 못한 채 자신도 모르게 자살을 받아들일 수 있다. 반면, 자살 행동은 기분 및 불안장애, 파괴적인 행동장애 및 물질사용장애를 포함하는 정신병리와 더욱 연관이 있다. 자살 행동은 소년들보다 소녀들에게서 더 흔하고 남녀 구분 없이 실질적인 자살에 이르는 데 있어 매우 강력한 위험요소다.

청소년들의 자해 행동과 자살은 종종 관계의 단절, 동료에게 거부당하는 것, 가정의 어려움이나 학교 또는 법적인 문제로 인해(대개 급성의 심리사회적인 스트레스 원인들) 촉발되기도 한다. 일반적으로 젊은이들은 성인보다 생각이 깊지 못하고, 충동적이며 미성숙한 대처능력을 보인다. 특히 스트레스 상황에 있을 때 더욱 그렇다. 스트레스 원인을 고려할 때에는 항상 개인의 관점에서 사회문화적/종교적 배경, 경험, 정서적 성숙도와 심리적/인지적인 수준에서 들여다보아야 한다. 청소년기에 특히 갖게 되는 스트레스의 원인은 다음과 같은 것들이 있다.

- 경험하거나 지각된 수치심, 모멸감
- 경험하거나 지각된 괴롭힘, 사회적 배척, 거부감
- 경험하거나 지각된 실패감
- 애정을 갖고 있는 대상의 상실에 대한 지각된 두려움 또는 이를 경험

질문: 청소년기에는 많은 변화가 일어난다. 당신이라면 그 변화가 시작되거나 잠재적으로 위험하다는 것을 어떻게 말하겠는가?

답변: 젊은이들에게서, 내재한 주요 문제들을 나타내는 '장해'와 비교적 그 정도가 심하진 않은 '고충'(고달픈 인생의 사건과 도전에 정상적인 사람들이 모두 겪는 스트레스)을 감별하는 것은 노련한 임상가들에게도 어려운 일이다. 우울증, 물질남용 또는 조현병과 같은 정신질환으로부터 고통을 받고 있는 젊은이들의 친구나 가족의 경우, 과거를 떠올려 보면 질환을 진단받기 전 바로 몇 개월 또는 몇 년 전부터 무언가 이상하다는 '경고 징후'가 나타났음을 떠올릴 것이다. 이러한 '경고 징후'들은 도움이 필요한 심각한 상황에 이르기 전까지는 종종 일반적이고 정상적인 '성장통'일 수도 있다.

청소년들 모두가 그런 것은 아니지만, 이러한 '경고 징후'들 중 일부는 한 차례 또는 여러 차례에 걸쳐 흔하게 나타난다. 이러한 경고 신호들 중 대부분은 구체적이지 않고 애매 모호하며, 일부는 성장하는 데 있어 정상적인 부분이다. 한편, 젊은이들의 성격, 행동 또는 기능에서 이러한 경고 신호가 명백한 변화로 나타난다면, 그것은 내재해 있는 심각한 징후들이 될 것이다. 예를 들어, 성격, 행동 또는 기능에서의 변화들은 신경학적으로 또는 정신과적인 장애의 발병을 예고한다고 할 수 있다(발작, 기분 장애, 불안장애, 물질사용 장애, 기타 밝혀지지 않은 학습 장애 또는 흔하지는 않지만 조현병—이 것들은 아동기 또는 유년기에 매우 심각한 스트레스원이나 외상 사건을 경험했다는 것을 암시한다). 또는 이것들은 내재된 내과적 문제를 나타낼 수도 있다.

무언가 잘못되고 있다는 경고 신호는 다음과 같다.

- 집, 학교, 직장 또는 사회적 기능에서 의미 있는 변화
- 성격에서 의미 있는 변화
- 행동에서 의미 있는 변화
- 가족과의 관계 단절
- 친구들과 사회적 활동으로부터의 단절
- 이전에는 좋아했던 활동에서 흥미의 감소
- 외모에 대한 무관심
- 체중의 의미 있는 변화(특히 감량하지 않았음에도 불구하고 체중이 감소한 경우)
- 수면의 어려움(일찍 깨거나 수면을 유지하기 힘듦)
- 지속적인 자기 비하
- 약물 또는 알코올 사용
- 불쾌감, 강한 슬픔 또는 절망
- 성급함, 화 또는 분노의 증가
- 기분조절의 어려움
- 위험부담 또는 충동성
- 죽음이나 자살에 관한 생각에 사로잡힘
- 수업 활동 중 죽음이나 자살에 관한 대화를 나눔

- 수업 활동 중 절망적인 대화를 나눔
- 가치 있는 소지품을 버림

언제 관심을 가져야 하는지를 어떻게 알 수 있을까

자살의 위험요소들을 이해한다고 해서 언제 자살할지 예측할 수는 없다. 하지만 자살의 위험요소를 이해하는 것은 임상가들이 자살 위험성이 있는 청소년을 발견하고 자살 위험성을 평가할 수 있도록 하며 적절한 개입의 정도를 결정하는 데 도움을 준다.

자살의 가족력과 정신질환

자살이나 정신질환의 가족력이 있는 성인들에게서 10대에 자살할 위험이 증가한다. 일부 청소년은 이러한 가족력에 대해 인지하지 못할 수도 있다. 일부 청소년은 이야기하기를 꺼려 할지도 모른다. 가족 구성원으로부터 이러한 정보를 얻는 것은 필수적이다. 자살의 가족력에 대해서 가족(가능하다면 보통 어머니)과 청소년들에게 물어봐야 한다.

부가적인 과거력과 청소년 자살

많은 청소년은 자살 사고, 의지 또는 계획에 대해 이야기하는 것을 매우 꺼려 한다. 이러한 저항은 청소년들이 의료인을 피하게 하거나 치료를 강요받는다는 느낌을 강화할 수 있다. 따라서 부모나 다른 성인(예: 선생님)들로부터 부가적인 과거력을 얻는 것이 10대들을 평가할 때 기본 절차다. 또한 10대들을 부모나 보호자로부터 분리하여 면담해야 한다.

비밀보장과 청소년

청소년들은 임상가들에게 특히 자신이 믿는 그(그녀) 또는 친구들이 '문제를 가지고 있다.'고 말하거나, 임상가가 그들의 부모에게 말할지도 모른다는 생각에 개인적 정보를 논의하는 것을 꺼려 할 수 있다. 때로는 이러한 두려움이 10대들에게는 매우 중요하지만, 임상가들은 이를 중요하지 않은 것으로 여길지도 모른다. 임상적인 상황에서는 위험하거나 상해를 입힐 수 있는 경우가 아니면 면담 시 알게된 정보에 대한 비밀은 보장된다는 사실을 말해 두는 것이 좋다. 이러한 경우에 책임 있는 보호자에게 알려야 하며 이때에도 청소년에 대해 존경과 관심을 표현하는 방식으로 진행해야 한다.

세로토닌 재흡수 억제제(SSRIs)와 청소년 자살

SSRI 사용과 10대 자살 사이의 관련성에 대한 관심이 최근의 연구에서 나타났다. 일부 평론가(특히 미디어)들은 SSRI 사용과 10대 자살 사이의 인과관계를 우려했지만, 독립적인 대상을 연구한 조사 결과 이러한 견해와 반대로 나타났다. SSRI 사용이 자살과 관련되는 것이 아닐 뿐더러 우울증과 자살의 치료에서 중요한 요인일 수 있다는 사실이 밝혀졌다. 미국과 캐나다에서 FDA의 '블랙박스' 경고에 따른 SSRI 처방 감소에 따라 자살률이 증가했다.

그러나 SSRI의 사용은 일부 10대들에게 자살 사고, 자기 손상 또는 자살 행동 증가와 관련된다고 할 수 있다. 이러한 약물은 주의 깊은 모니터링과 적절한 환자/부모 교육과 함께 건강 전문가들에 의해서만 사용되어야 한다. 많은 국가의 전문가나 전문 학회가 청소년에게 SSRI 사용에 대하여 다양한 추천을 하고 있다(영국의 NICE, 미국의 AACAP, 캐나다의 CACAP). 만약 이러한 추천이 당신의 지역에도 존재한다면 임상에서 유용하게 사용해 볼 수 있다.

Kutcher 청소년 우울 척도(KADS)

청소년(12~18세)을 대상으로 우울증을 측정하는 많은 자가 평정 척도는 신뢰도, 타당도 및 민감도가 객관적으로 평가되지 않았다는 제한점이 있다. 자가 평정 척도가 빠르고 저렴하게 유용한 정보를 얻을 수 있다는 점에서는 안타까운 일이다. 청소년을 대상으로 변화에 신속히 적응하고, 타당하며, 민감성을 강화하여 저자 중 한 명(S. K)이 자가 보고 척도를 개정하였다(Kutcher 청소년 우울 척도, KADS). KADS는 타당성이 확립된 도구로 우울증과 자살 우려가 있는 10대를 구별할 수 있다. KADS의 원래 버전은 16문항이었는데, 이 척도에서는 KADS의 6개 문항을 선별하였다.

KADS의 6개 문항 버전은 젊은이들의 우울증을 선별하는 도구로 개발되었다. 이 척도는 빠르고 쉽게 직접 채점하고, 환자를 선별할 수 있다.

KADS의 6개 문항 버전은 부록 B에 나와 있다. 또한 여러 언어로 번역하여 www.teenmentalhealth.org에 무료로 사용할 수 있도록 공개되어 있다. TASR의 청소년 버전인 TASR(A) 또한 같은 사이트에 공개되어 있다.

젊은 사람을 위한 다른 자기 보고형 선별 도구도 가능하다. 또 다른 자기 보고형 선별도구에는 Beck 척도와 Reynolds 척도가 있다. 이러한 척도들은 여러 검색 사이트를 통해 찾을 수 있다(예: 구글).

노인 환자

많은 선진국에서 노인은 높은 자살률을 나타내며, 남성의 경우 더욱 심각하다. 젊은 그룹에서와 달리 노인 환자에게서는 자살이 죽음의 흔한 원인이 아닌데, 이것이 노인의 자살을 간과해도 된다는 말은 아니다. 많은 서구 나라에서 코호트 연구를 통해 베이비붐 세대가 노령화될수록 인구의 대다수가 노인이라는 것이 나타나면서 노인의 자살 위험성에 대한 연구의 필요성이 대두되었다.

노인의 높은 자살 위험성에 영향을 끼치는 많은 요인이 있다. 일반적으로 노인들은 신체적으로 취약하고 많은 신체 질환으로부터 고통을 받을 뿐만 아니라 약을 과용하거나 다양한 약물을 복용하여 치사율이 높다. 많은 사회에서 노인들은 젊은이들과 달리 혼자 사는 경우가 많고 사회적으로 고립되어 있어 자살률이 높으며 자살 시도 시 발견되거나 구조될 확률이 낮다. 노인은 퇴직으로 활동 능력을 잃거나 가까운 친구나 가족, 배우자들이 사망한 경우가 많아 상실의 경험이 많고, 빈곤으로 다른 사람들에게 의지하게 되는 경우가 많다. 또한 노인들은 미래에 대해 양가적인 감정이나 불안을 느끼는 경우가 많다. 노인들은 폭력과 학대, 방임의 희생자가 될 취약성 또한 높다.

노인들은 충동적 자살 행동을 취할 가능성이 적다. 오히려 사색을 통해 그들의 삶을 종결할 결심을 확고히 하고 계획하여 자살을 시도하는 경우가 더 많다. 노인들은 그들의 자살 사고나 계획에 대해 경고 증상을 잘 보이지 않기 때문에 자살을 시도하여 사망할 확률이 젊은 사람보다 높다.

또한 중요한 것은 노인들의 주요 우울증이나 임상적 우울증상이 매우 간과되고 있다는 점이다. 의료인을 포함한 많은 사람은 노인들이 죽음에 대해 심사숙고하거나 자살에 대해 생각하는 것이 정상적인 노화 과정에서 나타나는 우울증상이라는 생각을 고려할만한 가치가 없다고 판단한다. 많은 사람은 나이가 들어감에 따라 그들의 삶에 대해 만족한다. 노인들이 우울증을 가지고 있다면 그들이 지니고 있는 일반적인 의학적 상태도 악화될 수 있다. 또한 노인의 우울증은 신체적 질환이나 복용하는 약의 부작용으로도 생길 수 있다. 노인에서의 우울삽화는 성인에 비해 더 심하고 만성우울증으로 진행하는 경향이 있다. 가족, 배우자, 친구의 사망이나 건강의 악화, 장애로 인한 책무들이 노인의 우울증 발병에 영향을 끼치는 요인들이다. 더구나 노인에서의 우울은 치료를 잘 받지 못해 우울삽화가 길어질 경우 자살률이 높아진다. 불행하게도 노인에게서의 우울증상은 종종 치료받지 못하고 지나쳐 버린다.

노인 환자에게서의 우울증은 젊은 우울증 환자들이 겪는 우울증상이나 가라앉은 기분과는 다르게 오히려 자신이 아닌 것 같은 기분이나 무가치감, 불만, 주변에 대한 흥미의 감소 등으로 나타난다. 우울한 노인들은 안절부절못하고 조바심을 내며 불안해한다. 기분에 따른 망상을 보이거나 죄책감, 자책을 느끼기도 한다. 노인에게 있어서 우울의 신체적 징후는 불면, 체중감소, 소화 불량, 변비, 근육 통증, 두통, 쇠약, 무기력, 피로와 어지러움이 있다. 이런 증상들은 애매 모호하며 다른 신체적 질환이나 약물 부작용과 감별하기 어렵다.

또한 우울증상을 나타내는 노인은 젊은 사람들에 비해 인지 기능장애로 고통받는 경우가 많다. 인지 기능장애는 기억력 장애, 결단 장애, 일을 구조화하고 처리하는 능력을 포함하며 이는 치매증상과의 구분이 어렵다. 사실 노인들에게 처음 우울증상이 나타나면 알츠하이머병과 같은 치매나 무증상 뇌졸중 같은 허혈성 질환의 전조일 수 있다. 이러한 진단적 수수께끼들로 인해 잘못된 진단을 내리거나 우울증의 치료 시기를 놓칠 수 있다. 특히 늦은 나이에 발병하는 우울증은 치료에 반응이 좋고 우울증과 동반되는 인지장애는 우울증상이 좋아지면 인지 기능도 호전된다는 점에서 진단의 어려움은 매우 불행한 일이라고 할 수 있다.

질문: 치매와 노인 우울증은 어떻게 구분할 수 있나?

답변: 노인에게서 수면 패턴의 변화, 식욕의 변화 그리고 피로와 같은 신체적 문제는 우울증을 예고하는 것일 수 있다. 갑자기 생긴 것보다는 몇 달에 걸쳐 서서히 진행된 인지 기능장애의 경우에는 치매일 확률이 높다. 반면, 추가로 가족 중 주요우울장애가 있거나

몇 주에 걸쳐 빠르게 우울삽화가 진행된 경우에는 우울증을 생각해 볼 수 있다.

늦게 발병하는 우울증에서의 인지장애는 전형적인 치매보다 단계적이기보다는 갑작스럽게 생기는 경우가 많다. 치매환자와 다르게 우울증 환자들에 있어서 인지 기능장애는 간과되기 쉽고 이것은 인지 기능장애가 장기간 지속되는 결과를 낳는다. 환자들은 실패를 강조하며 스스로를 비난하고 절망과 무가치함, 자살에 대한 생각을 표현한다.

이번 단락에서는 노인의 자살 위험요소에 대하여 논의해 보겠다. 임상가들은 노인에게 친밀한 사람의 상실이 있거나 삶의 위기에 있을 때 자살 위험성을 평가할 필요가 있다. 골절이나 타박상 같은 설명할 수 없는 신체 문제가 있을 때 학대나 물질남용을 의심해 보아야 한다. 이런 상황에서 임상가는 반드시 자살 위험성을 평가하여야 한다.

10대와 마찬가지로 부가적인 병력을 얻는 것이 중요하다. 젊은 사람의 경우 자살에 대한 낙인이나 자살 충동이 있을 수 있는 반면, 노인 환자들은 소통이 힘들고 기억장애가 있는 경우가 많기 때문이다. 가족과 친구들에게 짐이 되기 싫어하는 사람일수록 자살에 대한 생각이나 계획을 잘 말하지 않는다. 노인에게서 자살 위험성에 대해 적절한 평가를 하기 위해서는 환자를 가장 잘 아는 사람에게 지금 무슨 일이 일어나고 있는지를 물어봐야 한다.

노인 환자들에게서 자살 위험성을 높이는 요소들은 다음과 같다.

- 파악되지 않고 임상적으로 적절하게 치료받지 못한 우울증의 존재
- 죽음에 이를 수 있는 만성질환의 존재
- 현재의 치매 병력
- 파악되지 않은 물질남용(특히 알코올)
- 혼자 살거나 결혼하지 않았거나 혹은 이혼한 상태
- 친밀한 사람의 상실 그리고 슬픔(가족, 친한 친구, 배우자)
- 외로움, 사회적 고립, 사회적 지지의 부재
- 사회적 역할이나 지위의 상실
- 신체적 능력의 상실, 다른 사람에 대한 의존성의 증가
- 파악되지 않은 노인 학대
- 이전의 자살 기왕력

제6장

자살 예방

제6장
자살 예방

자살 예방 전략

자살 예방에는 두 가지 필수 전략이 있다. 인구학적 전략 그리고 자살 위험성이 높은 그룹이나 개인을 목표로 한 전략을 세우는 것이다. 정신질환자들에게 증거에 기반을 둔 돌봄을 지속적으로 제공할 수 있는 능력을 강화하거나 자살 수단을 제한하고 감시자를 교육하며 위기 중재 프로그램을 도입하는 것 등이 인구학적 전략의 예다. 대상자 접근 방법에는 자살 위기를 경험한 환자의 치료, 자살 위험이 있는 환자의 조기 발견 및 평가, 정신질환의 조기 발견과 적절한 치료, 위험요인에 효율적인 중재의 적용 등이 있다. 비록 세계 곳곳에서 보편적이고 목표 지향적인 다양한 자살 예방 중재 프로그램이 적용되고 있지만 개발도상국에서의 경험적인 연구나 평가는 거의 없다. 현재까지 가장 의미 있는 증거 기반 중재는 의료제공자에 대한 교육, 자살 수단의 제한, 감시자 훈련 등이 있다.

자살 예방에 포함되는 인구학적 요소

정신질환(특히 우울증과 알코올, 물질남용)과 자살의 상관관계는 세계적으로 분명하며 정신질환을 조기에 발견하여 의료인들에게 적절하고 효과적이며 지속적인 치료를 받도록 하는 것이 자살률을 줄이는 가장 효과적인 방법이라는 것이 증명되었다.

군대, 학교, 자원봉사자, 임상가 같은 다양한 인구 집단에서 감시자를 양성하는 것도 경험적으로 자살을 예방하는 부가적인 방법이다. 도움이 필요한 특수계층에 집중한 중재자로서 감시자를 양성하여 자살의 고위험군을 구별하고 적절한 서비스를 받을 수 있도록 의뢰할 수 있다. 이를 위해 효율적인 정신건강 관리 체계가 필요하다.

치명적인 수단에 대한 지역사회의 접근 차단이 매우 효과적인 자살 예방 전략이라는 것이 밝혀졌다. 자살하고자 선택한 방법은 사망에 이를 수 있는 위험을 결정하는 데 있어 매우 중요한 요소다. 자살 방법의 유용성과 접근성은 종교, 국가 문화, 지역사회에 따라 다르다. 특정 도구에의 접근 편의성, 문화적 인식, 다양한 방법에 대한 태도와 믿음은 다양한 지역사회와 문화에 따른 자살 방법 선택에 영향을 준다. 자살 수단 접근의 제한에 성공적인 사례는 계획된 중재이거나 국가나 지역사회의 정책적 변화에 따른 것이며 유해 가스의 해독, 차량의 화학적 촉매의 소개, 총기 소유 금지법, 약물 포장 방법의 변화, 자살 시도가 가능한 높은 곳에 장벽을 설치, 바비튜레이트계 약물의 제한, 독성 강한 제초제나 농약 규제 등이 포함된다.

세계적으로 가장 흔한 자살 방법은 농약을 먹거나 총기를 쓰거나 약을 과용하는 것이다. 개발도상국에서는, 특히 시골지역에서 농약 복용은 가장 흔한 자살 방법으로 알려져 있다. 자살로 인한 사망의 대략 30%가 농약 복용으로 발생하는 것으로 보인다. 비록 개발도상국에서 자살 시도에 대해 신뢰할 수 있는 자료는 없지만 자살 행동에 대한 성별 차이는 개발도상국보다 선진국에서 더욱 두드러졌다. 이것은 농약의 복용과 관련한 높은 치명률에 대한 부분적인 설명이 될 수 있다.

지금까지 일어났던 많은 농약 관련 사망은 자해의 충동적인 행동이라는 것이 정설이었다. 예를 들어, 아시아에서 농약 복용으로 인한 자살의 많은 사례는 스트레스나 위기 상황에서 무계획적이고 충동적인 행동이라 생각되었고 정신질환과는 관계가 없다고 믿어져 왔다. 오히려 충동적인 자살로 인한 사망은 유독성이 강한 농약에 얼마나 쉽게 접근할 수 있는지와 관계가 있다. 자살에 쓰인 농약은 종종 매우 쉽게 구할 수 있는 것이며 주로 집 근처에서 발견된다. 서구에서 자살에 사용되는 흔한 물질의 독성이 상대적으로 낮은 반면, 파라쿼트나 알루미늄 포스페이트같이 흔히 쓰이는 농약의 치사율은 70%에 육박했다. 더구나 농약 중독은 치료할 수 있는 시간이 매우 짧고 농약 중독에 대한 적절한 의료 서비스나 해독제를 얻기가 힘들며 농약 중독에 대해 훈련된 의사가 부족한 것도 잠재적인 생명을 구하는 데 장애가 된다. 이러한 정보를 지역이나 국가의 정책 결정과 지역사회 중재에 제공하여 접근 가능한 농약을 규제하고 안전하게 보관하도록 강제하며, 적절하게 훈련받은 농약 중독 전문가를 양성한다면 자살률은 세계적으로 극적인 감소를 나타낼 것이다.

자살률을 효과적으로 감소시킬 것으로 생각되었던 전화 자살 상담과 학교에서의 자살 예방교육 프로그램은 효과가 없었다. 다음의 표는 젊은 사람을 위한 자살 개입 프로그램의 유용성이 나와 있다. 정신질환의 치료 시 국가적인 자살 예방 프로그램의 효과는 제한적이며 분명하지 않았다. 일부 지역에서의 자살에 대한 인식과 다른 보편적 '예방' 프로그램은 흔하게 볼 수 있고, 상업적인 '자살-예방' 프로그램도 홍보되고 있다. 이러한 값비싸고 광범위한 적용이 감시자와 의료인에 의해 자살 위험성을 찾고 평가하며 중재하는 목적 지향적 전략보다 효과적인지는 불분명하다. 자살 예방에 대한 연구는 빠르게 발전하고 있고 현재 연구 중인 전략들 또한 인구학적 범주에서 우리가 무엇을 하고, 또 무엇을 하지 않는지를 이해하는 데 도움이 될 것이며, 이후에 지역사회에 기반을 둔 적용에도 유용할 것이다.

표 6-1 젊은 사람에 유용한 자살-중재 프로그램

도움이 된다고 증명되지 않은 것	방해가 될 것으로 의심되는 것	방해가 되는 것	아마도 도움이 되는 것	반드시 도움이 되는 것
전화 자살 상담, 학교에서의 또래 면담 프로그램	학교 자살 인지 프로그램 자살 선별 학교에서의 특정한 그룹 혹은 특별한 학교 강의	자살에 대한 언론의 선정적인 보도	학교에서의 정신건강 문학 프로그램-정신 건강 센터와 잘 연계 되어 있는 경우 무기나 다른 치명적인 도구에 접근을 제한	정신질환에 대하여 감시자 프로그램이나 1차 진료 의사를 훈련시킴으로써 조기에 발견하고 치료

(계속)

			음주 가능한 법적 나이를 올리고 강화하는 것	자살 위험요소가 있고 경고 증상이 나타나는 젊은 환자를 조기에 발견하고 효과적인 치료를 하는 것
				보건 전문가들이 자살 위험성 평가를 시기적절하게 하고 중재에 집중하는 것

자살 예방의 개인적 요소

개인에게서의 자살 예방 방법은 조기 발견과 정신질환에 대한 적절한 치료, 자살 위험의 경고 증상에 대한 인지, 자살 위험이 있는 사람에 대한 평가, 적절한 보호 관리 그리고 조절 가능한 위험요소를 목표로 한 신속한 개입 등이 포함된다.

제 7 장

자살 중재

제7장

자살 중재

자살에 대한 위험 증상이 있거나 위기 상황에 처해 있는 모든 환자는 종합적인 자살 위험성을 평가받아야 한다. 앞서 설명되었던 자살 위험성 평가 도구는 자살 위험성을 결정하는 것, 치료의 정도, 그리고 개입의 우선순위를 결정하는 데 도움이 될 수 있다.

임상의가 자살 위험성 평가를 완료하면 환자의 자살 위험성과 보호가 요구되는 정도에 따라 치료가 필요한 순서대로 임상적인 결정을 내릴 수 있다. 추가로 임상의는 중재 목표에 따라 위험요소가 변화할 수 있고 적절한 중재에 따라 방어요소가 증가할 수 있음을 이해해야 한다.

단계 1: 즉시 환자를 안전하게 보호하라

위험요소나 자살의 경고 증상을 나타내는 환자는 혼자 놔두지 말아야 하고 환자 주변의 위험한 환경요소들을 제거해야 한다. 위기에 처한 모든 환자에게 최근 그들이 스스로 자살하려고 하거나 자해하려고 하였는지 아니면 그럴 계획이 있었는지를 물어보아야 한다. 만약 환자가 사람을 죽이거나 자해할 수 있는 물건(무기, 면도칼, 약, 독 등)을 가지고 있다면 이 물건은 반드시 즉각 환자로부터 회수해야 한다. 자살 의도를 표현하는 모든 환자는 즉시 의학적 평가와 중재가 필요하다. 정신적인 위기에 놓인 환자들을 대하는 기본 원칙은 다음과 같다.

① 환자가 신체적으로 안전한 것이 가장 우선이다.
② 환자의 감정을 환기시킴으로써 환자의 불쾌한 기분을 진정시켜야 한다.
③ 그들의 상황이나 행동을 이해하기 위해서 환자 자신의 이야기를 할 수 있도록 도와주어야 한다.
④ 그들에게 실질적인 지지와 안심을 제공해야 한다.
⑤ 과거 힘들었던 시기의 대처전략과 대처기술을 인지할 수 있도록 도와야 한다.
⑥ 대처방법과 대안적인 해결책을 인지하고 문제를 해결할 수 있도록 도와야 한다.
⑦ 환자를 이해하며 문제를 해결할 수 있도록 도울 수 있는 지지적인 가족이나 친구가 있어야 한다.
⑧ 지역사회의 적절한 지지와 서비스, 자원이 환자에게 연결될 수 있도록 도와야 한다.

위기관리의 초점은 환자의 즉각적인 안전을 확고히 하는 것과 감정적인 고통을 진정시키는 것이다. 만약 환자가 감정을 조절하거나 이성적으로 생각하는 것이 불가능하고 자살 위험성이 높은 것으로 보인다면, 그렇지 않은 것으로 확인될 때까지는 자살 위험성이 높은 것으로 간주해야 한다.

단계 2: 치료의 정도를 결정

자살 위험성이 있는 모든 환자가 병원이나 치료 시설로 입원해야 하는 것은 아니다. 일부 상황에서 가능하다면 응급 센터나 위기관리 시설에 입원하는 것이 가장 좋은 선택이다. 다른 경우에는 외래 치료만으로 충분할 수도 있다. 치료의 정도는 자살 위험성의 정도와 그 지역사회에서 개인이나 그들의 가족에게 효과가 있으면서 접근 가능한 위기관리 서비스의 종류, 지원 가능한 사회적 자원에 따라 결정된다.

자살 위험성이 높거나 자살이 임박한 것으로 간주되는 환자의 보호는 가장 중요하다. 이들 환자는 입원처럼 안전하고 보호적인 환경에서의 치료가 요구되며 외래나 지역사회에서의 치료는 충분한 지지를 제공하기에 부족할 수 있다. 입원환자는 자의나 동의로 입원한다. 환자의 입원은 가능한 1차적 사회 지원과 환자의 동의를 얻어야 한다. 만약 자살 위험성이 높은 것으로 판단되는 환자가 보호 시설로의 입원을 거부한다면 필요시 강제로라도 입원시켜야 한다.

모든 임상가는 강제 입원 시 필요한 실제적인 법적 요구 사항을 알고 있어야 한다. 일부의 경우 환자가 자살 위험성이 있더라도 환자의 책임감 있는 보호자나 다른 사람이 지속적으로 보호나 감시를 할 수 있다면 외래를 통해 치료하는 것도 효과적이고 안전한 방법이다.

단계 3: 병원이나 집에서의 즉각적인 안전 계획

만약 급성 자살 시도 환자가 입원하게 되면, 임상의는 병원 직원들이 환자의 자살 위험성에 대해 완전히 인지하고 있다고 말함으로써 환자를 안심시킬 수 있다. 예를 들어, 환자는 자해의 수단이 될 수 있는 것에 접근해서는 안 된다(목을 매달 수 있는 벨트, 손목을 자를 수 있는 가위, 높은 곳에서 뛰어내릴 수 있는 환경). 높은 자살 위험성을 가진 환자들은 책임 있는 직원으로부터의 지속적인 관찰을 필요로 한다. 환자의 자살 위험성은 매일 체크되어야 하고 활동의 자유와 활동 범위(일반 병실로의 전동, 다른 환자들과의 관계, 병실 활동의 참여)는 반복적인 자살 위험성 평가에 기초하여 결정되어야 한다.

만약, 임상의가 믿을 만한 보호자 동행을 전제로 자살 사고가 있는 환자를 병원 밖으로 내보낼 때에는 보호자가 안전하고 지지적인 환경을 제공할 수 있는 능력이 있어야 하고 환자의 상태가 안 좋아졌을 때 무엇을 해야 할지에 대해서 교육받아야 한다.

보호자들은 일반적인 상황에서의 자살과 자살 위험성 그리고 예방 요인들에 대해 교육을 받아야 한다. 그리고 입원과 즉각적 혹은 장기적인 치료를 위한 결정에 대해서도 참여해야만 한다. 보호자들은 약물, 무기, 자해가 가능한 다른 방법들을 포함한 잠재적인 위험요소들을 제거할 수 있도록 도움을 받아야 한다. 환자들과 보호자들이 함께 만드는 안전 계획에는 정신적인 고통과 자살 사고, 격정적인 감정의 조절, 대처전략, 유용한 헬프 콜, 지역이나 해당 기관의 이용 가능한 지지체계가 포함되어야 한다. 환자들과 보호자들은 자살 위험성이 증가하거나 집에서 안전을 확신하고 위기에 대처하기 어려울 경우 관련 기관의 즉각적인 도움을 받아야 한다. 임상가들은 클리닉이나 병원에서 환자가 퇴원한 후 12~24시간 내 경과를 관찰하고 재평가를 위한 계획을 수립해야 한다. 환자에 대한 지지와 감독 그리고 자살 위험성의 평가와 재방문의 빈도는 환자의 자살 위험 정도에 따라 결정된다.

환자가 입원을 하거나 외래치료를 위한 시에는 환자의 행동을 설명할 수 있는 환자의 차트와 확인된 위험성, 방어요인, 예상되거나 현존하는 위험, 치료 또는 개입의 세부 사항과 안전 관리 계획의 구성요소들과 같은 세부 내용을 반드시 평가해야 한다.

질문: 적절한 자살 위험성 평가가 수행될 수 없다면 어떻게 할 것인가?

답변: 임상가가 자살 위험성 평가를 할 수 없거나 평가를 완료했음에도 환자의 안전이 확실하지 않다고 느껴진다면(심지어 환자 본인 스스로 자살 위험성을 부인한다 할지라도 완료해야 함) 환자를 보호 시

설에 입소시키고 8~12시간 동안 재평가하는 것이 좋다. 자살을 시도한 환자들 중 중독 상태인 환자들은 평가와 함께 해독될 때까지 세심하게 관찰되어야 하며 이를 통해 더욱 정확한 정신 상태 검사가 가능하다. 어떠한 경우에도 약물 중독 상태의 자살 시도자를 클리닉이나 병원에서 혼자 내보내서는 안 된다.

질문: 자살 예방 계약이란 무엇인가?

답변: 자살 예방 계약은 응급실에서뿐만 아니라 단기/장기간의 내원 환자나 지역사회 구성원에게 시행한다. 자살 예방 계약의 성공은 계약을 맺은 환자와 임상가 사이의 치료적 관계의 공고함에 달려 있다. 환자에게 계약 자체가 어떠한 해로움도 없다는 것을 보여 주지 못하면 효과적인 예방 수단임을 확신시킬 수 없다. 실제로 이와 같은 상황에서는 자살 위험성에 대한 객관적인 평가 능력이나 치료계획의 설립에 대한 임상가들의 판단력이 손상될 수 있다. 하지만 이러한 자살 예방 계약은 자살 방지의 측면에서 제한적인 가치를 갖기 때문에 일반적으로 통용되어서는 안 된다. 모든 사항을 면밀히 평가하고 실행했을 때 자살 위험성의 평가와 치료는 임상가와 환자 사이의 계약이 아닌 임상적 판단에 의존할 수 있게 된다.

단계 4: 개입을 위한 범위의 확인

일단 환자의 즉각적인 안전이 문제가 된다면 환자의 자살 시도에 관여하는 것으로 확인된, 조절 가능한 신체적, 감정적, 인지적, 행동적 그리고 사회심리적 위험요인을 고려해야만 한다. 치료와 개입은 현재와 미래의 자살 위험성을 감소시키며 생물학적이고 사회심리적인 개입 모두를 포함하는 것이어야 한다.

개입을 위한 목표는 다음과 같다.

- 심리사회적 위기
- 정신질환
- 정신증상
- 심리사회적 스트레스 요인
- 급성 사회 심리학적 스트레스 요인
- 사고, 감정, 행동의 부적절한 패턴

정신과적 질환과 증상에 대한 적절한 약물학적 그리고 정신사회적 치료는 자살 위험성을 상당 부분 낮출 수 있다. 만약 환자가 정신과적 질환을 갖고 있다면 적절한 치료가 시작되어야 한다. 정신과적 진단을 받고 이미 치료 중인 환자의 경우 과거와 현재의 치료, 치료 반응, 치료 저항과 치료 부작용에 대한 고찰을 통해 최선의 치료가 제공되어야 한다.

인지 행동적 기법들은 자살 사고를 줄여 주고 자아 존중감의 향상, 절망, 충동적인 다양한 질환에 효과적이라고 알려져 있다. 우울증 환자에게서의 항우울제나 선택적 세로토닌 수용체 억제제와 같은 약물, 조현병 환자에서 클로자핀의 사용, 기분장애 환자에게서 리튬의 사용은 자살을 줄여 주는 효과가 있다. 양극성장애 환자에게 장기간 동안 리튬을 사용하는 것이 자살 위험성을 줄이는 데 효과적임이 밝혀졌다. 리튬으로 치료를 받다가 약물 치료를 갑자기 중단하는 사람은 자살의 위험성이 높아질 수 있다.

위기에 처한 환자에게 일시적으로 치료적 중재를 중단하는 것은, 대처전략의 회복이나 자살 이외의 선택을 찾을 수 있는 시간과 여유를 줄 수도 있다. 일단 급성 위기가 진정되면 미래의 자살 위기를 감소시키는 전략에 초점을 맞추어 환자나 보호자와 함께 치료를 진행해야 한다.

- 자살 위기를 유발하는 주변 환경에 대한 고찰
- 위기 반응에 영향을 주는 특정 유발요인들, 감정, 사고, 행동을 확인
- 환자의 내적 강인함과 과거에 사용하였던 대처전략에 대한 고찰
- 환자의 유연성과 외부 자원의 활용에 대한 고찰
- 확인된 내적, 외적 강인함과 규명된 취약성에 초점을 맞춘 개입
- 단기적 지지나 문제에 초점을 둔 중재의 활용
  - 스트레스 관리 향상
  - 적응적인 대처와 문제 해결 능력의 강화

- 자기 관리를 격려: 건강식이, 규칙적 운동, 좋은 수면환경
- 알코올과 물질사용의 억제
- 자살 사고, 절망, 질책을 포함한 부적응적인 사고의 조절과 관리
- 강한 부정적 감정의 조절과 관리
- 충동성과 행동 조절을 위한 전략 형성
- 환자의 사회적 지지체계 강화
- 이용 가능한 사회적 지지와 서비스를 환자와 연결

자살의 위험성을 높일 것으로 생각되는 급성 혹은 만성의 정신사회적 스트레스 요인들을 다루는 데 동일한 전략이 사용될 수 있다.

부적절하거나 부적응적인 대처전략의 경우, 인지 행동 치료와 같이 대처기술 향상과 문제 해결에 초점을 둔 정신치료적 개입이 크게 도움될 수 있다. 몇몇의 연구에서 성격장애 환자에게는 변증법적 행동 치료가 자살 시도를 줄이는 데 효과가 있는 것으로 나타났다.

단계 5: 지속적인 관찰과 평가의 제공

자살은 질병이 아니라 근원적인 문제에 따른 증상이다. 자살 시도자들을 위한 개입은 즉각적인 위험을 줄이고 내재된 위험요소의 관리를 통해 미래의 자살 위험을 줄이며 방어요소의 강화를 목표로 해야 한다. 부록 C에 제공된 것과 같은 환자 안전 계획은 자살과 자살

행위의 위험이 있는 모든 환자에게 제공되어야 한다. 지속적인 관찰과 자살 위험성 평가는 필수적이며 환자들의 자살 위험 정도를 반영해야 한다. 장기간의 지속적인 치료적 접촉은 정신질환을 가진 환자의 자살률을 낮추는 데 있어 특히나 중요하다.

자살 시도 환자들을 치료하는 데 '요리책'처럼 잘 짜인 치료 방법은 존재하지 않는다. 기본적인 원칙을 문제가 되는 각각의 경우에 적절히 적용할 뿐이다. 각각의 사례에서 임상가는 반드시 상대적인 자살 위험성을 평가해야만 한다. 자살 위험성 평가에 있어 TASR의 응용은 임상가가 자살 위험성 평가를 완수하는 데 도움을 줄 수 있다.

제10장에 제시된 사례는 임상가가 개인적으로 또는 자율 학습 그룹의 한 일원으로서 TASR의 실질적인 활용을 도울 수 있을 것이다. 임상가는 즉시 TASR를 적어도 두 개 또는 세 개의 다른 사례에 적용해 볼 것을 추천하며 이를 통해 TASR의 활용 능력을 향상시킬 수 있을 것이다.

자살 후의 중재: 생존자 돌보기

제8장

자살 후의 중재: 생존자 돌보기

때때로 최선의 중재와 돌봄에도 불구하고 환자들은 자살을 감행하기도 한다. 돌봄을 제공하는 사람들의 역할은 거기서 끝이 아니다. 자살은 진공 상태에서 벌어지지 않는다는 것을 명심해야 한다. 일단 개인이 삶을 끝내면, 지원을 필요로 하는 임상가, 가족 구성원, 친구들과 지역주민이 있다.

가까운 친구 또는 사랑하는 사람의 죽음은 가장 괴롭고 고통스러운 경험이다. 자살로 인한 누군가의 상실은 특히 파괴적일 수 있다. 생존자들은 종종 가까운 사람의 죽음으로 인한 막연한 외로움, 고립감, 압도감과 부담감을 느끼곤 한다.

애도의 내적인 경험과 표현은 각기 다르게 나타나며 과거의 경험, 성격, 가족, 문화, 영적이고 종교적 믿음들과 전통적 관습의 영향을 받는다. 여기에는 '정상적인' 고통을 구성하는 보편적 규칙들이 존재하지 않고 사람들 대부분이 경험하는 '단계'가 몇 가지 있다.

• 상실이 현실임을 수용

- 상실의 경험으로부터의 고통을 받아들임
- 고인이 없는 삶으로의 적응
- 다시 시작하는 삶을 스스로 받아들임

상실로 인한 충격의 경험과 불신은 사랑하는 사람의 상실로부터 처음 몇 시간이나 며칠까지는 정상적이다. 초기의 충격이 잦아들면서 사람들 대부분은 서서히 상실을 자각하고 수용하는 과정을 거치게 된다. 강한 슬픔, 분노, 절망, 절망과 죄책감은 수일에 걸쳐 악화와 호전을 반복하며 시간이 지나면서 점차 압도감과 지속성은 줄어든다. 이 기간 동안 더 이상 살고 싶지 않다거나 인생이 무의미하다는 생각, 고인과 재결합하고 싶다는 생각 등은 흔하게 나타나지 않는다.

6개월에서 일 년 이후 비탄과 애도는 일반적으로 덜 침습적이고 덜 강하며 덜 지속적이게 된다. 비록 상실의 회상, 슬픔의 기간, 분노와 공허감과 직면할 때 강력한 슬픔을 재경험할 수는 있지만 더 이상 직업이나 학교로의 복귀, 대인관계, 사회 참여와 휴양 활동, 가족과 자녀들을 돌보는 일과 같이 일상적인 활동을 하는 데 걸림돌이 되지는 않는다.

자살 생존자들의 고통은 강하고 긴 과정이 될 수 있다. 고통은 강한 죄책감, 분노, 수치와 같은 느낌들과 복잡하게 결합할 수 있다. 생존자들은 종종 누군가 '왜' 자살을 했는지 밝히기 위해 죽음으로 이끈 사건을 재구성하고 설명이 가능한 단서를 찾기 위해 노력하기도 한다. 많은 사람은 스스로를 비난하거나 '만약에'라는 가정 때문에 고통을 받는다(그들이 다르게 행동했거나 말하지 않았다면 혹은 그 일이 일어나지 않았으면 어땠을까 반추하기도 한다). 분노는 생존자들이 겪게 되는 흔한 감정 중 하나다. 생존자들은 직접적으로 스스로에 대한 분노를 느끼거나 고인에 대한 분노 또는 부분적으로 친구들, 보호자, 선생님들, 가족에게도 분노를 느낄 수 있다.

게다가 생존자들은 종종 자살에 관한 사회, 문화적 낙인에 대처하는 데 부담감을 느끼게 된다. 낙인은 환자와 가족들에게 수치감, 굴욕, 자책의 느낌을 증폭시킬 수 있다. 사회로부터의 따돌림, 조롱, 비난, 판단에 대한 공포는 생존자로 하여금 그들 스스로를 침묵하게 만들고 다른 사람들로부터 진실 뒤에 숨게 만들며 주변의 사회적 지지로부터의 철수나 도움과 지지를 얻는 것으로부터 회피하는 결과를 낳게 한다. 이로 인해 친한 친구나 가족 그리고 다른 지지자들이 생존자들로부터 거리를 느낄 수도 있다.

생존자들이 흔하게 경험하는 감정들은 다음과 같다.

- 절망
- 슬픔
- 충격
- 불신
- 포기
- 죄책감
- 수치심
- 굴욕감
- 분노

- 감정적 마비 또는 분리
- 일상 활동 또는 취미에 대한 관심의 상실

  사람들 대부분은 고통을 감정적인 과정의 결과로 생각하지만 고통은 또한 사랑하는 사람의 죽음 후 몇 주에서 몇 달 동안 지속되는 생각과 행동적인 측면도 포함된다.
  슬픔에 따른 사고와 인지의 반응은 다음과 같다.

- 회상, 악몽, 자살의 힘겨운 기억
- 집중과 판단의 어려움
- 자살의 현실을 수용하는 데 어려움
- 사랑하는 사람의 반복적인 시각적 형상

  슬픔에 따른 행동적 반응들은 다음과 같다.

- 가정과 직장에서 대인관계의 어려움
- 삶을 지속하는 데 어려움
- 규칙적 일상과 활동의 철퇴 그리고 사회적 고립
- 사랑했던 사람을 떠오르게 하는 사람에 대한 회피
- 수면장애
- 동기 결여

  자살로 인해 누군가를 상실한 사람들은 자살만큼이나 심각한 정도의 우울증과 복잡한 애도반응의 위험성을 갖는다. 대부분의 생존자는 사랑하는 사람의 상실 후 수 개월 내에 서서히 기분을 회복하기 시작하고 결국에 가족과 친구들의 지원 속에 앞을 향해 내딛을 수 있게 된다. 일부에서 비탄과 슬픔은 시간이 지나도 좋아지지 않고 오래 지속되어 그들의 삶을 살기가 힘들게 되는 경우도 있다. 이러한 사람들은 복잡한 애도반응의 경우로 전문적인 평가와 치료를 필요로 한다.

복합 애도, 강도와 질, 영속성, 애도증상과 증후의 기간 등은 합리적으로 고려되거나 가정, 문화, 사회적 맥락에서 다루어져야 한다. 복합 애도는 임상적 우울, 불안장애, 물질남용, 빈약한 건강상태, 지속적인 정신사회적 장애와 관련된다. 비록 애도는 임상적 우울과 많은 부분에서 비슷하지만(슬픔, 수면장애, 체중 감소, 의욕상실, 사회적 철퇴, 집중력 감소 등) 애도의 증상들은 덜 지속적이며 임상적 우울보다 정도가 약하고 손상이 적다.

복합 애도가 의심되는 경우는 다음과 같다.

- 애도증상이 예상보다 길게 지속되며 상당한 기능장애를 초래한다.
- 애도증상의 심각성과 강도가 예상보다 심하며 기능에 상당한 지장을 준다.
- 증상의 악화는 정상적 애도반응이 아니다.
  - 자살 사고의 지속
  - 심한 무력감의 지속
  - 정신병적 증상

- 새롭게 발생하거나 악화된 알코올과 약물남용

무엇을 할 수 있을 것인가

자살로 사랑하는 사람을 떠나보낸 사람들은 가족 또는 중요한 사람의 뒤에 숨는 경우가 많다. 이러한 경우 지지와 상담을 제공하는 것이 중요하다. 많은 경우 죄책감이나 개인적인 책임감을 느낄 수도 있다. 몇몇은 자살로 죽은 사람에게 분노를 나타낼 수도 있다. 감정이나 사고가 어떠하든지 애도는 명확한 종료지점 없이 지속되는 과정이라 볼 수 있다. 일부에서 시간의 경과에 따라 다른 양상의 상실을 경험했던 사람들은 종종 슬픔이 결코 '끝나지' 않았다고 보고된다.

심한 애도는 직업, 학교, 대인관계와 보육, 가사, 책임과 기대를 갖는 업무 결과에 지장을 줄 수 있다. 이것은 정상이다. 사람들 대부분은 내적 또는 외적인 지지체계를 이용할 수 있고 외부의 어떠한 중재 없이 상실 가운데서도 기능할 수 있다. 강한 지지체계가 없는 경우 지지적인 중재나 그들의 치유과정을 돕는 상담이 도움이 된다. 다른 사람들은 수면장애 또는 심한 불안과 같은 일시적인 감정적 또는 신체적인 불편함을 느낄 수 있다. 이러한 경우 단기간, 소량의 안정제 사용은 기능을 잘 하게 하고 안정감을 제공할 수 있다. 그러나 애도를 치료하기 위한 방법으로 약물치료를 사용해서는 안 된다.

단기간의 지지적 상담은 그들에게 있었던 일에 대해 이야기할 수 있고 상실을 슬퍼할 수 있게 한다. 상실을 경험한 사람에게 가장 도움이 되는 방법은 이야기를 들어 주는 것이다. 면담은 가장 오래된 치유법 중 하나다. 사별한 사람들은 종종 사랑했던 사람의 삶과 죽음에 대해 반복적으로 말하도록 강요받는 것처럼 느낀다. 그런 이야기가 반복될 때마다 현실감의 상실은 부정할 수 없을 정도로 커지게 된다. 반복적으로 말하기는 현재의 상황에서 과거의 상황을 경험하게 하고 미래에 대한 기대와 수용에 도움을 줄 수 있다.

이 기간 동안 자살의 결과로서 나타나는 현실적인 측면에 초점을 맞춰 도움을 줄 수 있다. 예를 들어, 엄마의 자살로 인해 어린아이가 남겨졌다면 그들을 더 잘 돌보기 위해 어떤 계획이 필요하겠는가? 살아남은 아이는 특별한 관심을 필요로 하고 악몽, 수면장애, 신체적 불편감 등의 증상들을 흔히 경험한다. 아이들 중 일부는 장기간의 지지와 상담이 필요할 수 있다. 이러한 서비스는 정신 건강 전문가에 의해 제공될 수 있지만 종교적 또는 지역사회의 단체를 통해서도 가능하다. 만약 이런 경우 정신 건강 전문가는 필요에 따라 유용한 치료 전략들에 관한 교육의 형태로 도움을 줄 수도 있다.

몇몇 생존자는 그룹 지지와 같은 개입이 유용하다. 몇몇 공동체는 특수한 그룹들 또는 조직들을 갖는데, 이들은 자살을 통해 가족 구성원을 잃거나 친구를 잃게 된 경우다. 보건 담당자들은 이러한 공동체와 도움이 필요한 사람들이 이용할 수 있는 자원이 제공될 수 있도록 준비해야 한다.

자살로 인한 상실을 경험한 사람들은 자살, 우울, 복합 애도의 위험성이 높다는 것을 유념하라.

비록 사람들 대부분은 애도과정을 성공적으로 마치지만 몇몇은 복합적인 애도반응을 경험하고 임상적 우울증, 불안, 알코올과 물질적 남용 그리고 자살과 같은 위험에 노출된다는 사실을 알아야 한다. 이러한 개인들은 신속하고 포괄적인 평가와 적절한 개입이 필요하다.

자살 생존자에 대한 평가는 다음과 같다.

- 그들이 안전하고 편안하다는 사실을 확신시켜라.
- 그들의 감정들을 알며 확인해야 한다.
- 울거나 화내지 못하도록 말하지 말라.
- 그들의 감정에 대해 어떻게 느끼는지 말하지 말라.
- 그들의 상실에 대해 이야기할 수 있는 시간과 공간을 제공하라.
- 상실에 대한 반응과 그들의 과거 경험에 대해 이해하라.
- 그들의 가족과 문화, 정신, 종교적 믿음과 애도반응의 기대에 대해 이해하라.
- 상실로 인해 그들이 처한 환경을 이해하라.
- 생존자들이 생각하는 상실에 대한 의미와 중요성에 대해 이해하라.
- 생존자들에게 제공할 수 있는 지지체계에 대해 이해하라.
- 항상 정상적인 애도가 아닌 증상을 찾아야 한다.
- 항상 자살 위험성을 평가해야 한다.
- 항상 우울증과 불안에 대한 증후를 찾아야 한다.
- 항상 알코올과 약물남용에 대한 증후를 찾아야 한다.

자살 생존자에 대한 관리는 다음과 같다.

- 지지와 안심을 제공해야 한다.
- 자살이 그들의 잘못이 아님을 확인시켜야 한다.
- 애도 과정에 대한 교육을 제공해야 한다.
- 현실적인 문제 및 관심들에 관한 해결을 도와야 한다.
- 만약 준비가 되었다면 경험이나 감정에 관하여 부담이 되지 않는 방법으로 스스로 말할 수 있도록 격려해야 한다.
- 긍정적인 경험을 기억하도록 격려해야 한다.
- 사회적 지지와 연결될 수 있도록 격려해야 한다.
- 고인에 대해 알고 있는 다른 사람들과 그들의 감정을 공유하도록 격려해야 한다.
- 정상적인 일상과 행동들을 격려해야 한다.
- 스스로 돌봄을 격려해야 한다.
- 현실적인 목표를 설정할 수 있도록 격려해야 한다.
- 두드러지는 수면장애나 심한 불안을 조절하기 위해 안정제의 사용을 고려해야 하지만, 항불안제나 항우울제를 애도나 언어적 안정감과 안심을 제공할 목적으로 사용해서는 안 된다.
- 적절한 지지 서비스를 제공할 수 있는 곳으로의 이동을 고려해야 한다.
- 정상적인 애도가 아닌 증상을 계속 찾아야 한다.
- 항상 자살 위험성을 평가해야 한다.
- 항상 우울증과 불안에 대한 증후를 찾아야 한다.
- 항상 알코올과 약물남용에 대한 증후를 찾아야 한다.
- 기간이 길고 빈도가 낮은 방문보다도 짧고 빈번한 방문이 제공

되어야 한다.

- 그들의 감정적인 반응을 일깨울 수 있는 기념행사나 종교적 행사를 할 수 있도록 시간을 줘야 한다.

제**9**장

돌보는 자를 위한 돌봄:
자살로 인한 환자의 죽음

제9장

돌보는 자를 위한 돌봄: 자살로 인한 환자의 죽음

가끔씩 환자들은 최상의 중재나 돌봄에도 불구하고 자살을 시도할 것이다. 환자의 자살은 의료인에게 환자 관리의 책임이란 측면에서 상당한 충격을 줄 수 있다. 직업의 본질적 특성 때문에 의료인(특히 정신건강 분야에서 일하는 사람들)은 환자의 자살로 인해 영향을 받을 수 있는 위험이 나날이 증가하고 있다. 일부에서 환자의 자살에 대한 감정적인 반응이 상당히 중요하고 심지어 장애를 일으킬 수도 있음이 보고되었다. 고인과 가까운 임상가들은 자살의 '생존자'이며 다른 생존자들과 같은 애도를 경험하게 된다. 게다가 임상가들은 자살로 인해 발생한 복합적인 애도, 우울증과 자살 경향성에도 취약하다.

환자의 자살로 인한 죽음에 따른 의료인의 반응은 다음과 같은 것들을 포함한다.

• 충격
• 죄책감

- 분노
- 자기 회의
- 자책
- 의료인으로서의 자신감 상실
- 무능감
- 자살 시도 가능성이 보이는 환자에 대한 공포
- 동료들로부터 존경심을 상실하는 것에 대한 공포
- 비난받거나 고인의 가족들로부터 존경심을 잃는 것에 대한 공포

자살을 시도한 환자들을 만나게 되었을 때 모든 위험성을 피해가는 것은 불가능하다고 하지만, 그런 상황에서 의료인들 스스로 환자의 자살에 대해 대비할 수 있는 다양한 방법이 존재하며 의료인을 지원해 주는 의료팀과 보건부서를 이용할 수 있다는 사실을 알아야 한다.

자살을 시도한 환자들을 다루기 위해 당신은 어떻게 준비할 것인가?

- 자살과 자살 시도 환자들에 대한 당신의 생각과 감정을 알아야 한다.
- 자살을 항상 예방할 수는 없다는 사실을 받아들여라.
- 자살 환자에 대한 해로운 감정 반응, 정신의학적 그리고 행동적 반응에 대해 효과적으로 대응하는 전략을 만들어라.
- 감정적, 정신의학적, 개인적, 전문적으로 자살로 인한 환자의

죽음에 준비하라.

- 자살 고위험 환자를 다루는 동료에게 환자를 어떻게 다루고 환자의 자살에 대해 어떻게 대처하는지에 대해 문의하라.
- 만약 당신이 원한다면 도움이 가능함을 숙지하라.
- 자살 위험성 평가와 관리에 대한 당신의 능력에 자신감을 가져라.
  - 급성 자살 위험의 경고 증후를 알아야 한다.
  - 자살 위험성과 방어요소에 대해 알아야 한다.
  - 당신의 문화권에서 독특한 자살 위험요소에 대해 알아야 한다.
  - 당신 환자에게 자살에 대해 어떻게 물어야 할지 알아야 한다.
  - 자살 위험성을 어떻게 결정할지 알아야 한다.
  - 자살 위험성을 어떻게 관리할지 알아야 한다.
  - 임상적 결정과 사례 관리를 위해 동료들과 상의해야 한다.
  - 당신의 관할 지역 내에 환자들을 위한 서비스와 지지가 있음을 알고 이러한 도움을 제공할 수 있어야 한다.
  - 당신의 관할 지역 내에서 적용되는 행정, 비밀보장, 정보 유출, 비자발적인 입원에 대한 법률을 알아야 한다.

당신의 환자가 자살로 인해 죽었을 경우 어떻게 해야 할 것인가?

- 당신의 감정적, 정신의학적, 신체적 그리고 개인적 요구에 대해 신경을 써야 한다.
- 죽음에 대한 당신의 생각, 감정과 반응에 대해 알아야 한다.
- 애도는 하나의 과정이며 개인마다 다를 수 있음을 기억해야

한다.

- 당신의 개인적, 전문적인 지지체계와 연계할 수 있어야 한다.

- 믿을 수 있는 동료들과 당신의 생각과 감정을 공유할 수 있어야 한다.

- 발생한 사례를 되돌아보고 적절한 지지를 위해 동료들과 상의해야 한다.

- 사람의 죽음에 대한 책망과 자책을 수용하지 말아야 한다.

- 가족이나 사랑하는 사람과 만나고 애도를 전해야 한다.

- 자신감을 잃지 말아야 한다.

- 적절한 지지를 제공할 수 있는 시설이나 정보가 있다면 가족에게 제공해야 한다.

의료팀, 동료들과 보건기관: 당신은 무엇을 할 수 있는가

의료인의 자살 후 개입에 대한 세 가지 원칙

- 지지
- 학습
- 교육

지 지

자살로 인한 환자의 죽음을 경험한 의료인에게 동료가 도움을 주는 것을 말한다. 이러한 지지는 상대를 압도하는 것이 아니라 상황과 가능성을 인지하고 그들이 어떤 감정을 느끼는지를 논의하는 것이 요구된다. 관리자 혹은 경험이 있는 임상가들은 그들에게 도움을 요청한 보건기관 종사자에게 지지를 제공할 수 있도록 노력해야 한다. 종종 임상가들은 이러한 사건이 벌어졌을 때 그들 스스로를 탓하거나 충격을 받을 수 있다. 어떤 사람은 환자를 보지 않으려고 할 수도 있다. 또 어떤 이들은 낙담하기도 한다. 진실된 지지는 누군가로부터 감사함을 받게 되고 매우 도움이 될 것이다.

동료들은 다음과 같이 도움을 줄 수 있다.

- 지지를 제공할 수 있다.
- 만약 준비가 되었다면 생각과 감정을 공유하도록 격려할 수 있다.
- 감정적, 정신의학적, 행동적 반응을 진정시킬 수 있다.
- 복합 애도, 우울증, 자살에 대한 증후를 알 수 있다.
- 전문적인 신뢰에 대한 회복을 지지할 수 있다.

일부 의료인은 환자의 자살로 인한 죽음에 뒤따르는 감정적 어려움으로 인해 추가적인 지지와 개입이 필요할 수도 있다. 이러한 경우 건강 지원 프로그램을 통해 도움을 줄 수 있다.

학 습

어떤 환자가 무슨 이유로 사망했든지 간에 죽음으로부터 배우는 것은 항상 중요하다. 많은 병원에는 치명적인 케이스를 객관적으로 되돌아보며 이러한 사례로부터 배우는 '사망 위원회'가 있다. 자살의 경우 이러한 학습이 매우 효과적이다. 이것은 지지적이고 판단이 섞이지 않은 방법으로 진행되어야 하고 이미 짜인 방식을 따르는 것이 좋다.

건강 관련 기관은 이러한 정책, 계획, 방법 등을 문서화하고 직원들이 알 수 있도록 해야 한다. 임상가를 포함해야 하며 경험이 있는 임상가가 주도적으로 진행해야 한다. 이러한 방법으로 도출된 추천 사항은 정책이나 서비스에 반영되어야 한다. 기관 내 사망에 대한 검토는 환자의 자살이 직원들에게 줄 수 있는 감정적인 충격을 인지하고, 이러한 검토가 존경심과 신뢰적인 방법으로 시행될 수 있도록 해야 한다.

교 육

전문 훈련 과정이나 보건 교육 과정 모두에서 의료인들은 자살 위험성의 평가와 중재에 대해 훈련받아야 한다. 의료인들은 자살 위험성 평가에 능숙해야 한다. 또한 자살 위험성 평가 및 관리 능력의 향상을 위해 최상의 임상적 상황에서도 일부 환자는 자살로 사망할 수 있다는 사실을 이해해야 한다.

모든 의료 종사자는 비밀보장, 정보 유출, 비자발적 입원에 대한 관할 지역의 법령(언론과 원활하게 소통하는 방법), 고인의 가족이나 동료를 지원하는 방법에 대한 교육도 받아야 한다.

제**10**장

집단 또는 개별 연구의
임상 사례

집단 또는 개별 연구의 임상 사례

사례: 자살의 평가

이 장에 등장하는 사례들은 독자들에게 자살 위험성을 평가하는 기술을 연습하는 기회를 주고자 개발되었다. 이 도구는 개인의 자율 학습이나 그룹 형태의 교육에 사용될 수 있다.

각각의 케이스에 자살 위험성 평가 도구(TASR)를 적용해 보고 위험의 단계를 높음, 중간, 낮음으로 결론지어 나누어 보자. 그럼 이 주제들을 다루어 보자.

- 무엇이 당신이 현재의 결정을 내리도록 하고 있으며, 더욱 효율적인 관리를 위해 어떤 것들을 알아야 하는가?
- 이 사례에서 당신은 무엇을 하게 될 것인가? 어떻게 환자를 관리할 것인가?
- 이 사례들이 당신에게 어떤 영향을 줄 것인가? 당신에게 미치는 영향을 어떻게 설명할 것인가?

만약 이러한 사례들이 학습 그룹에서 사용된다면 조력자를 정해야한다. 만약 학습 그룹 내에서 전문가가 도움을 줄 수 있다면 그는 조력자나 책임자로서의 역할을 해야 한다.

사례 1

Mrs. J. S.는 우울증을 19년째 앓고 있는 35세 여성으로 주부다. 이번이 그녀의 세 번째 발병이다. 지난번 발병 시에는 항우울제로 치료를 시작한 지 4~6주 만에 병세가 호전되었다. 그녀는 자살을 시도해 본 적이 없지만 그녀의 어머니는 오래전에 자살로 목숨을 잃었다. 그녀는 지금 두 달 째 주요우울장애를 앓고 있으며 희망이 없고 본인은 가치가 없는 사람이라고 느끼고 있다. 그녀는 자신과 자녀들에게 미래가 없고 차라리 죽는 게 낫다고 생각하고 있다. 그녀는 이혼하였고 여덟 살, 여섯 살 된 두 아들과 살고 있다. 그녀는 2주 동안 항우울제를 복용하였고 주관적으로는 감정 상태가 나아지지는 않았지만 조금 더 활기가 생겼다. 그녀의 주요 호소 내용은 고통스러운 두통이고, '다량의 강력한 진통제'를 원한다. 일주일 전 마지막 방문 시 그녀는 당신에게 더 이상 우울증을 갖고 살고 싶지 않다고 말하였다. 오늘은 '삶이 종종 살아갈 가치가 있는 것으로 보이지 않는다고 느낀다.'고 고백했고 자살에 대해 생각하고 있다고 말했다. 당신이 자살의 계획에 대해 직접적으로 물어봤을 때 그녀는 모호하고 얼버무리는 태도를 보였다. 아이들은 어떻게 하냐고 물어봤을 때 전 남편에게 보내면 된다고 대답하였다.

사례 2

Mr. M. I.는 48세 남성으로 실직자다. 5주 전 심장 발작이 있었고 이후 회복 중이었다. 그는 3주 전 퇴원하였고 집에 있으면서 거의 대부분 TV를 보고 독서를 하는 데 시간을 보냈다. 그는 허리 통증과 변비를 호소했다. 면담 시 그는 울음을 터뜨리려 하였고 자신에게서 멀어지는 것들 때문에 자신이 행복하지 않다고 말하였다. 그는 친구들로부터, 심장마비를 겪고 난 후에 우울한 기분을 겪는 경우가 흔하다는 이야기를 들었다고 했다. 그의 가장 큰 관심사는 20년간 다닌 교회이며 신앙이 굉장히 중요하고 자신을 지탱하는 힘이라고 말했다. 그는 자신이 신앙을 잃게 될까 봐 걱정이 된다고 말했고 자주 불안발작이 온다고 했다. 자살에 대한 직접적인 질문에 심장약을 한꺼번에 먹고 자살하는 생각을 자주 한다고 고백했으나 만약 자살을 하면 지옥에 갈까봐 걱정된다고 말했다. 어제는 서랍에서 총을 꺼내 15분간 바라보면서 자살 시행 여부를 고민했다고 말했다. 그는 자신의 신앙이 그런 행동을 하지 않도록 할 것이며 그가 죽는다면 부인이 또한 고통을 겪게 될 것이라고 생각하여 총을 다시 집어넣었다고 했다.

사례 3

　Mr. T.는 46세 남자로 실직한 상태이며 알코올남용 및 우울증을 앓은 적이 있다. 그의 마지막 우울증 발병은 2년 전으로 항우울제를 복용하여 치료에 성공한 후 유지 과정에서 중단하게 되었다. 그는 최소 지난 일 년 동안 의료인을 만난 적이 없었고, 오늘은 복통 때문에 응급실에 왔다. 검진상 눈에 띄는 소견은 없었고 복부 X-ray에서도 이상 소견은 없었다. 그는 혼자 살며 최근 한 달간 술이나 약물은 하지 않았다고 말하였다. 그의 주된 관심사는 신체적인 문제이며 복통에 대해 특별한 문제가 없다고 들은 후에도 두통, 허리 통증 등 다양하고 모호한 문제를 지속적으로 호소하였다. 우울하지 않다고 하였으나 그가 살던 곳으로 돌아가는 것에 대해 말하였을 때는 눈물을 보였다. 그는 음식을 원하였고 응급실 간호사는 그가 응급 시설을 무분별하게 이용한다며 불만을 표현하였다.

사례 4

　Ms. C는 23세 미혼의 여배우로 6개월 전 이 도시로 이사를 온 뒤로 일을 꾸준히 할 수 없었다. 그녀는 시내의 바에서 일하고 있다. 지난 2주간 바텐더와 함께 생활하던 중 심한 말다툼 끝에 부엌칼로 스스로 손목을 그었다. 지난 3개월 동안 세 차례 스스로 손목을 그었다. 그녀는 팔과 등에 담뱃불로 지진 자국을 가지고 있으며 일하는 중에 넘어지거나 머리를 부딪쳐 생긴 오래된 멍 자국이 얼굴에 있었다. 그녀는 우울증이나 다른 정신질환의 병력이 없었으며 앞에 언급한 사건들 이전에는 자해를 시도하지 않았다. 그녀는 술이나 약물을 복용하지 않으며 남자친구가 과음을 하고 시끄럽게 떠드는 것 때문에 아파트에 있는 것이 불편하다고 하였다. 그녀는 슬픈 감정을 호소하면서도 절망감에 대해서는 부인하였다. 그녀는 자살을 하고 싶지는 않지만 손목을 긋는 것 외에는 무엇을 해야 할지 몰라서 그랬을 뿐이라고 말했다.

사례 5

Mr. M은 19세 남자로 엄마와 다툰 후에 아스피린을 한 움큼 정도 삼켰다. 3년 동안 이번이 다섯 번째 자해다(항상 알약을 삼킴). 그는 자해를 한 후 정신과 의사의 진료를 받아 본 적이 없고 응급실 방문 후 진료 예약시간에 나오지 않았기 때문에 정신과적 진단을 받은 적 또한 없다. 그는 불법 약물 판매와 절도로 법적인 문제가 있었다. 그의 어머니는 잘 알려진 정치가로, 아들이 자신의 목적을 달성하기 위해 그녀를 조종하려 하며 그녀의 주의를 끌려고 한다고 했다. 그는 우울증상이 없다고 했으며 학교 선생님들이 형편없으니 다른 학교로 전학시켜 줄 것을 어머니에게 말해 달라고 부탁했다. 만약 그의 요구가 받아들여지지 않는다면 집에 돌아가서 또다시 약을 먹을 것이라고 협박했다.

사례 6

Mrs. P.는 68세 여자로 유방암이 치료된 지 5년이 지났다. 그녀는 70세의 남편과 살고 있으며 남편은 그녀에게 힘이 되는 존재다. 그녀의 큰딸과 사위, 손자 2명이 옆집에 살고 있다. 그녀는 그들과 매우 가깝게 지내며 매일 만난다. 그녀는 최근 유방암이 재발되었다고 진단받았고 진료실에서 감정을 주체하지 못한 채 울면서 더 이상 살고 싶지 않다고 말하였다. 그녀는 세 번째 아이를 출산 후 잠시 우울한 적이 있었으나 정신과적 문제로 치료받은 적은 없다. 생물학적으로 우울증의 가족력이 있으나 자살의 가족력은 없다. 그녀는 자살 계획은 없다고 부인하였고 살고 싶지 않다는 생각도 없어졌다고 하였다. 그녀는 과거에 그런 생각을 했다는 것에 당황하였고 매우 속상해했다. 그녀는 절망감을 부인하며 집에 가고 싶어 했다.

사례 7

Mr. J.는 34세 남자로 병원에 전화를 걸어 지금 자살을 할 것이라고 말했다(어눌한 말투로). 그는 지금 총을 가지고 있고 부인과 6개월 된 아들이 악마에게 소유되었기 때문에 그들을 죽이고 자신도 죽을 것이라고 했다. 그는 의사가 자기 집에 방문하여 자신의 죽음을 확인하기를 바란다고 말했으며 그것만이 그들의 영혼을 구하는 방법이라고 생각하고 있었다.

사례 8

Mr. R. J.는 67세 남자로 은행의 중역이며 화려한 경력의 소유자로 지역사회의 리더다. 그는 여러 개의 보건 자선 단체에서 활동하며 교회의 자산 관리자이기도 하다. 그는 최근에 병원 이사회의 의장에서 물러났기 때문에 병원 직원들에게도 잘 알려진 사람이다. 오늘 저녁 그는 갑자기 발생한 호흡곤란, 심계항진, 죽을 듯한 공포를 동반한 가슴 통증으로 응급실로 급히 실려 왔다. 이러한 증상은 부인과 함께 암환자를 위한 자선 저녁 만찬에 참석을 준비하다가 발생했다. 이러한 증상은 응급실에 온 직후 상당히 호전되었다.

심전도, 심근효소를 포함한 모든 검사에서 눈에 띄는 소견은 없었다. 병원에 함께 온 그의 아내는 그를 두고 옷을 갈아입기 위해 방금 집으로 떠났다. 그는 비밀이 보장되는 상태에서 상담사와의 만남을 요청하였고 예전에 상당히 멀리 떨어져 있는 곳에 위치한, 예약이 필요 없는 병원에서 내과의사에게 검사를 받은 적이 있으며 HIV 양성 판정을 받았다고 고백하였다. 교회 주관으로 길거리 청소년을 대상으로 하는 상담 프로그램에서 만난 10대 소녀(성매매를 하고 정맥 주사로 약물남용을 하는)와의 8개월 동안의 비밀스러운 관계를 통해 병에 걸리게 되었다고 했다. 그는 아무에게도 무슨 일이 일어났는지 말하지 않았으며 어떻게 해야 할지 논의하기 위해 내일 해당 병원의 관계자와 만나기로 했다고 했다.

Mr. R. J.는 정신질환의 과거력이 없으며 자살을 생각해 본 적도, 시도해 본 적도 없다. 그는 큰 질병에 걸린 적이 없고 약을 복용하고 있지도 않다. 그러나 HIV 양성에 대한 이야기를 듣고 난 이후로 오늘까지 심한 걱정과 다양한 신체적 증상을 겪고 있다고 하였고 짧지만 강한 자살에 대한 욕구가 자주 생긴다고 하였다. 그는 어떻게 해야 할지 몰라 했다. 이러한 상황이 그의 평판에 어떤 영향을 미칠지 두렵고 부끄럽고 당황스럽다고 하였으며 직장에서 해고될 것이라고 확신하고 있었다. 그는 자신의 행동에 대하여 죄책감을 가지고 있고 아내에게 뭐라고 말해야 할지 모르겠다고 하였다. 자살 계획을 가지고 있지는 않고 내일 병원 예약시간에 가고 싶지 않으며 대신에 이 문제를 해결하기 위해 휴가를 떠나고 싶은 생각이 든다고 하였다.

부록

자살 위험성 평가 도구

(The Tool for Assessment of Suicide Risk, TASR)

이름: 번호:

개인적 위험성 분석표	예	아니요
인구통계학적: 65세 이상 또는 15~35세, 남자〉여자		
가족력: 자살, 자살 행동, 정신질환		
현재/과거 정신과적 진단: 기분, 불안, 정신증, 인격장애		
내과 질환: 만성, 난치, 낙인		
빈약한 사회적 기반: 독신, 고립, 불안한 대인관계		
알코올/물질남용		
가정 내 문제: 가정 폭력/학대, 가족 내 갈등, 심각한 기능장애		
낮은 스트레스 내성: 빈약한 대처기술 또는 문제 해결 능력		
과거의 자살 행동: 자살 시도, 실패한 시도, 자해		
학대: 어린 시절 또는 현재의 감정적, 심리적, 신체적, 성적 학대 또는 폭력		
증상 위험성 분석표	예	아니요
슬픔/우울/불쾌		
절망감		
심한 쾌락 불감증		
심한 불안/공황		
무가치감/낮은 자존감		
자기 비난: 죄책감, 자기비난, 분노		

	예	아니요
심한 수치/굴욕		
정신증		
충동성/낮은 자기-조절력		
분노, 폭력성 또는 공격성		
면담 위험성 분석표	**예**	**아니요**
자살 관념: 적극적- 빈도, 강도, 기간 　　　　소극적- 언어적/비언어적 단서		
자살 의도: 양가감정, 죽음에 전념하고 기대하는 정도		
자살 계획: 방법, 치명도, 준비성		
과거의 자살 시도: 횟수, 유발인자, 맥락, 방법, 치명도, 결과		
치명적 방법에의 접근: 치명적 방법의 이용 가능성과 접 근성		
자살 유발: 최근, 전개되는 또는 기대되는 심리사회적 위기/갈등/상실		
최근의 알코올/물질사용 또는 중독		
해결 불가능한 문제: 대안책을 알지 못하는 것		
견딜 수 없는 상태: 심한 고통, 절망, 수치, 굴욕, 거절, 외 로운 고통		
명령환청		
보호요인	**예**	**아니요**
살아야 할 이유		
위기를 관리하는 내적 힘		
위기를 관리하는 외적 힘		

현재 자살 위험성　　　　　　　　높음 □　중간 □　낮음 □

평가자:　　　　　　　　　　　　날짜:

6항목 Kutcher 청소년 우울 척도(KADS)

이름:　　　　　　　　　　환자번호:

날짜:　　　　　　　　　　평가자:

최근 1주 동안, 다음에 나오는 항목들에 대해서 '평균적' 또는 '일반적으로' 어 떠했나요?

---

1. 가라앉은 기분, 슬픔, 재미없거나, 우울하거나, 내키지 않거나

| 0-거의 그렇지 않다 | 1-상당히 그렇다 | 2-대부분 그렇다 | 3-항상 그렇다 |

---

2. 무가치감, 절망감, 다른 사람의 기대를 저버린 느낌, 본인이 좋은 사람이 아 닌 것 같은 느낌

| 0-거의 그렇지 않다 | 1-상당히 그렇다 | 2-대부분 그렇다 | 3-항상 그렇다 |

---

3. 피곤한 느낌, 기운 없음, 힘이 나지 않음, 일을 해결해야 하는 압박감, 쉬거나 눕고 싶다

| 0-거의 그렇지 않다 | 1-상당히 그렇다 | 2-대부분 그렇다 | 3-항상 그렇다 |

---

4. 인생이 별로 즐겁지 않다는 느낌, 평소(아프기 전) 같았다면 즐거웠을 일에 기분이 좋지 않다, 재밌는 일이 평소(아프기 전)와 같이 즐겁게 느껴지지 않 는다

| 0-거의 그렇지 않다 | 1-상당히 그렇다 | 2-대부분 그렇다 | 3-항상 그렇다 |

---

5. 걱정스럽고, 초조하고, 전전긍긍하며, 긴장되고, 불안하다

| 0-거의 그렇지 않다 | 1-상당히 그렇다 | 2-대부분 그렇다 | 3-항상 그렇다 |

---

6. 자살 또는 자해에 관한 생각, 계획 또는 행동

| 0-거의 그렇지 않다 | 1-상당히 그렇다 | 2-대부분 그렇다 | 3-항상 그렇다 |

6항목 KADS 점수

각 항목의 점수를 합하여 총점을 구한다.

점수 설명

총점	점수 해석
0-5	아마도 우울하지 않음
6 이상	우울증의 가능성—더 철저한 평가 필요

참고문헌

LeBlanc J. C. , Almudevar A, Brooks S. J., Kutcher S. (2002): Screening for Adolescent Depression: comparison of the Kutcher Adolescent Depression Scale with the Beck Depression Inventory, *Journal of Child and Adolescent Psychopharmacology, 12*(2):113-126.

청소년의 우울증상을 평가하기 위해 흔히 사용되는 자가 보고형 도구는 이 연령 집단에서 신뢰도와 타당도가 제한적이고 증명되지 않았다. 우리는 새로운 자가 보고 척도인 Kutcher 청소년 우울 척도(KADS)를 기술했다. 이것은 특히 청소년 우울증의 심각도를 진단하고 평가하기 위해 설계되었다. 이 보고에서 Mini International Neuropsychiatric Interview/간이 국제 신경정신과적 면담(MINI)에 있는 주요우울삽화 진단 기준에 의거하여 full 16항목의 간이 버전과 BDI의 진단적 타당도를 비교했다. 1,712명의 7단계에서 12단계까지의 학생 중 309명은 BDI를 평가했을 때 14점 이상이었다. KADS, BDI 재검사, 그리고 주요우울삽화를 검사하기 위한 간이 국제 신경정신과적 면담으로 평가받는 것에 동의한 161명의 학생이 정밀 검사에 다시 참여하였다. 반응자 작용 특성(ROC) 곡선의 분석이 어떤 KADS 항목이 주관적 경험과 주요우울삽화를 가장 잘 반영하는지를 결정하기 위해 사용되었다. 추가의 ROC 커브 분석을 통해서 6항목 KADS 척도의 전반적인 진단적 능력이 최소한 BDI만큼 좋고 표준 KADS보다 뛰어나다는 결과가 나왔다. 6점의 준거점수를 사용했을 때 6항목 KADS의 민감도와 특이도는 각각 92%와 71%였고 각각의 조합은 다른 자가 보고형 도구로는 도달할 수 없는 수치였다. 6항목 KADS는 청소년의 주요우울삽화를 감별하는 데 있어 효과적이고 효율적인 것으로 증명되었다.

나의 안전 계획

만약 자기 스스로 자해를 하거나 무력감을 느낀다면 STEP 1을 시작하고 나의 안전 계획의 각 단계를 진행해야 한다. 이러한 안전 계획을 갖는다는 것은 힘든 시간들을 이겨내는 데 도움이 될 것이다.

STEP 1: 나는 스스로 다음을 상기할 것이다.

* 나는 혼자가 아니다. 많은 사람이 자살을 생각한다.
* 자살이 나를 해하는 어떠한 행동을 한다는 의미가 아님을 생각하라.
* 자살이 내가 약하다는 것을 의미하지는 않음을 생각하라.
* 자살이 내가 스스로 통제력을 상실했다는 걸 의미하지 않는다는 것을 생각하라.
* 이러한 감정은 영원히 지속되지는 않는다.

STEP 2: 나는 스스로 안락해지기 위해 다음과 같은 스스로 돌봄 전략을 사용할 것이다.

STEP 3: 나는 내가 사는 이유에 대해 스스로 상기할 것이다.

STEP 4: 나는 누군가에게 도움을 구하거나 청할 것이다.

친구들/가족:
나는 전화할 것이다. (전화번호)
만약 그들이 통화가 안 된다면 나는 여기에 전화할 것이다. (전화번호)
만약 그들이 통화가 안 된다면 나는 여기에 전화할 것이다. (전화번호)

기타 조력자/돌봄 제공자:
나는 전화할 것이다. (전화번호)
만약 그들이 통화가 안 된다면 나는 여기에 전화할 것이다. (전화번호)

STEP 5: 나는 스스로를 해롭게 할 수 있는 것들(마약, 무기, 약물, 흉기 등)을 버릴 것이다.

STEP 6: 나는 술을 마시지 않고 약물을 남용하지 않을 것이다.

STEP 7: 나는 어디에선가는 안전하다는 것을 확신할 것이다.

1. 나는 그곳에 갈 것이다.
2. 만약 그곳에 갈 수 없다면 나는 다른 곳에 갈 것이다.
3. 만약 그곳에 갈 수 없다면 가장 가까운 응급실에 갈 것이다.

STEP 8: 만약 안전한 곳에 갈 수 없다면 응급전화를 할 것이다.

내 용

저자 소개

Sonia Chehil, MD, FRCPC
캐나다 Dalhousie University 정신건강의학과 조교수

Stan Kutcher, MD, FRCPC
캐나다 Dalhousie University 정신건강의학과 교수

역자 소개

이상열(Sang Yeol Lee, MD, Ph.D.)
원광대학교 정신건강의학과 주임교수
한국정신신체의학회 이사장
대한신경정신의학회 보험이사

홍정완(Jeong Wan Hong, MD)
남원성일병원 대표원장
대한신경정신의학회 정회원

자살 위기자 관리 매뉴얼
Suicide Risk Management

2015년 6월 1일 1판 1쇄 인쇄
2015년 6월 10일 1판 1쇄 발행

지은이 • Sonia Chehil · Stan Kutcher
옮긴이 • 이상열 · 홍정완
펴낸이 • 김진환
펴낸곳 • ㈜ **학지사**

121-838 서울특별시 마포구 양화로 15길 20 마인드월드빌딩
대표전화 • 02)330-5114   팩스 • 02)324-2345
등록번호 • 제313-2006-000265호

홈페이지 • http://www.hakjisa.co.kr
커뮤니티 • http://cafe.naver.com/hakjisa

ISBN 978-89-997-0680-6 93180

Korean Translation Copyright ⓒ 2015 by Hakjisa Publisher, Inc.

정가 14,000원

인터넷 학술논문 원문 서비스 **뉴논문** www.newnonmun.com

이 도서의 국립중앙도서관 출판시도서목록(CIP)은 서지정보유통지
원시스템 홈페이지(http://seoji.nl.go.kr)와 국가자료공동목록시스템
(http://www.nl.go.kr/kolisnet)에서 이용하실 수 있습니다.
(CIP제어번호: CIP2015011017)